마음의 문을 닫고 숨어버린 나에게

WHY DO I DO THAT?

마음의 문을 닫고 숨어버린 나에게

나의 복잡한 심리를 이해하는

방어기제 수업

조지프 버고 Ph.D. 지음 | 이영이 옮김

더퀘스트

마음의 문을 닫고 숨어버린 나에게

초판 발행 2019년 1월 23일
3쇄 발행 2020년 2월 14일
개정판 발행 2025년 12월 10일

지은이 · 조지프 버고
옮긴이 · 이영아
발행인 · 이종원
발행처 · (주)도서출판 길벗
브랜드 · 더퀘스트
출판사 등록일 · 1990년 12월 24일
주소 · 서울시 마포구 월드컵로 10길 56(서교동)
대표전화 · 02)332-0931 | 팩스 · 02)323-0586
홈페이지 · www.gilbut.co.kr | 이메일 · gilbut@gilbut.co.kr
대량구매 및 납품 문의 · 02) 330-9708

편집 · 허윤정 | 제작 · 이준호, 손일순, 이진혁 | 마케팅 · 정경원, 김선영, 정지연, 이지원, 이지현
유통혁신 · 한준희 | 영업관리 · 김명자, 심선숙 | 독자지원 · 윤정아

디자인 · 일구공 | 교정교열 · 신혜진 | CTP출력 및 인쇄 · 정민 | 제본 · 정민

● 더퀘스트는 ㈜도서출판 길벗의 인문교양·비즈니스 단행본 브랜드입니다.

ISBN 979-11-6050-696-9 03180
(길벗 도서번호 040292)

정가 18,800원

표현하지 않은 감정은 절대 죽지 않는다.

산 채로 묻혀서 나중에 더 추한 모습으로 등장한다.

— 지그문트 프로이트

서문

왜 우리는 진짜 감정을 보지 못하는가

30년 전 개인 진료에 집중하면서 수많은 내담자를 만났다. 그들은 견딜 수 없는 불안감, 우울증, 불행한 결혼생활, 섭식장애, 수치심, 자기혐오, 강박행동 등 저마다의 이유로 극심한 고통에 시달리고 있었다. 이 책은 치료가 필요한 정도는 아니거나 치료를 할 여유가 없는 사람들을 위해 그때 경험하고 배운 바를 유용한 지침으로 정리한 것이다.

나는 인간의 본성과 심리를 정신역동(정신분석이론의 영향을 받아 개인의 과거 경험이 현재의 문제에 주는 영향을 설명하고 이에 의거해 문제를 해결하려는 이론—옮긴이)의 관점으로 본다. 누구에게나 의식 밖에 숨어 있는, 즉 무의식 차원에 있는 정신적 측면이 있다. 정신역동 심리치료사로서 나는 내담자에게 그 미지의 부분을 알려주는 일을 한다. 어떤 심리적 방어기제가 자신의 고통스러운 감정, 생각, 두려움을 늘 의식 밖으로 숨기는지 이해할 수 있도록 돕는다.

방어기제가 바로 이 책의 주제다. 방어기제가 어떤 기능을 하는지, 방어기제가 의식에 들여놓지 않으려 하는 과거의 고통스러운 경험은 무엇인지, 왜 방어기제에 의지하는지, 무의식적 고통을 인정하고 마주하면 어떻게 도움이 되는지 등에 관해 알아본다. 심리적 방어기제는 인간 심리의 보편적이고 필수적이다. 우리를 보호하고 어려운 일을 헤쳐 나가게 돕는다. 하지만 종종 우리가 성장하고 만족스러운 삶을 누리지 못하게 방해하기도 한다. 방어기제가 단단하고 깊숙하게 굳어버리면, 인간관계에서 진정으로 필요한 것을 얻고 감정적으로 풍요로운 삶을 꾸리며 진정한 자존감을 높이기가 어려워질 수도 있다. 이 책은 당신이 방어기제를 인지하고, 성장하기 위해 언제 그것을 넘어서야 하는지 결정하는 데 도움을 줄 것이다.

고통을 마주하기란 어렵지만 해방감과 흥분을 느낄 수도 있다. 자신의 내면을 탐험하고, 다른 사람의 복잡한 심리를 인지하고, 인간관계를 더 깊이 이해하는 것만큼 매혹적인 일이 또 있을까? 수십 년 동안 진료를 해왔지만 나는 여전히 내 일을 사랑하고 끊임없이 타인에게 매혹된다. 이 책을 통해 그 열정이 당신에게도 전해지면 좋겠다.

내가 실천하고 있는 정신역동 심리치료의 주요 개념과 전략들을 설명하고 이를 치료 외의 개인적인 자기탐구에 적용하도록 하는 게 이 책의 목표다. 1부에서는 심리적 방어기제의 성질과 목적 그리고 일반적으로 방어기제가 불러일으키는 힘겨운 경험에 관해 이야기할 것이다. 2부에서는 중요한 몇몇 방어기제를 면밀히 살펴본 뒤 나의 방어기제가 무엇인지 알고 그 뒤에 숨은 무의식적 감정을 파악하는 데 유용한 연습을 소개할 것이다. 마지막 3부에서는 방어기제를 누그러뜨리고 힘겨운 감정에 효과적으로 대처하는 방법을 제시할 것이다.

나는 당신이 마주하기 어려워하는 고통을 인식할 수 있도록 돕는 데 많은 시간을 들일 것이다. 읽다 보면, 특히 책에서 소개하는 연습

문제에 적극적으로 임하다 보면 불편한 감정을 느낄 수 있다. 하지만 당신이 인간관계에서 필요한 것을 얻고, 강렬하지만 감당할 수 있는 감정생활을 영위하며, 자신의 한계와 강점을 더 잘 알고, 그래서 진정한 자존감을 높일 수 있게 도울 것이다.

심리치료 내담자들이 모든 고통을 한 번에 마주할 수 없듯이(그럴 수 있는 사람은 아무도 없다), 당신도 이 책의 모든 내용을 한꺼번에 흡수하지는 못할 것이다. 두 번 이상 읽거나, 먼저 읽은 내용을 소화한 다음 나머지를 읽는 편이 좋다. 진정한 성장은 서서히 그리고 오랜 기간에 걸쳐 일어난다. 겁이 날 때마다 고개를 돌려버리지 않고 인내하는 것이 중요하다. 스스로를 너무 몰아치거나 감당할 수 없을 정도로 많은 것을 기대해서는 안 된다. 조금씩 새로이 얻는 자기인식과 앞으로 내딛는 매 걸음이 중요하다.

방어기제에서 완전히 벗어날 수 있는 사람은 아무도 없다는 사실 또한 명심해야 한다. 나 역시 매일 나 자신의 방어기제와 마주하고 씨름한다. 이 책이 전하는 주요 메시지 중 하나는, 민감한 감정적 문제가 삶의 마지막 순간까지 우리를 따라오겠지만 시간과 노력을 들이면 그 문제를 좀 더 쉽고 자신 있게 극복할 수 있다는 것이다.

이 책을 읽고 소개된 훈련을 실천하는 동안 넓은 의미에서 기억해야 할 것이 있다. 같은 여정에 참여하고 있는 다른 사람들 역시 고투하고 있다는 점이다.

지그문트 프로이트Sigmund Freud의 연구는 정신역동 관점에 뿌리를 둔다. 예전에 나는 프로이트의 저작 스물네 권을 모두 다루는 1년짜리 강의를 한 적이 있다. 심리치료사 훈련기관이라면 대부분 그런 교육과정을 진행한다. 지난 50년 동안 프로이트의 인기는 조금씩 떨어졌으나 프로이트의 혁명적 통찰 중 다수가 우리 문화에 기본적인 가정으로 스며들어 있다. 프로이트를 무시하는 사람마저 자신도 모르게 정신분석의 핵심 원리를 받아들이곤 한다. 그는 우리 문화를 깊이 있게 그리고 완전히 바꿔놓았다.

1939년 프로이트가 사망한 뒤로 영향력 있는 수많은 이론가들이 프로이트의 생각을 확장하고 수정했다. 그들 중 일부를 참고하겠지만, 이 책에서는 대개 프로이트를 언급할 것이다. 책을 다 읽을 즈음에는 프로이트가 우리 문화에 기여한 바를 좀 더 이해하고, 우리가 깨닫지 못할 때조차 매일 자신과 타인을 생각하는 방식을 형성할 수 있게 도와준 혁명적 천재임을 알게 되길 바란다.

차례

1부

나를 속이는 나

방어기제의 세계

1장

무의식이 만드는 마음의 그림자

전에도 아버지는 자신을 조금밖에 알지 못했지.

—《리어왕King Lear》1막 1장

살다가 한 번쯤 스스로도 놀랄 만한 말을 하거나, 행동을 하거나, 감정을 느끼거나, 자신도 모르게 내면에서 은밀히 계속되고 있던 뭔가를 불쑥 알아차릴 때가 있다. 사소해 보이는 일 때문에 감정이 폭발하고 나면 '내가 이런 강렬한 감정을 계속 무의식적으로 느끼고 있었구나' 하고 불현듯 깨닫는다. 이를테면 이런 경우다.

당신은 야근이 잦은 배우자를 대신해 밀린 집안일을 도맡아 했다. '불쌍한 사람, 회사에서 얼마나 힘들까.' 그런데 배우자가 퇴근길에 세탁소에 들러달라는 당신의 부탁에 잠깐 망설이자 당신은 쏘아붙인다. "됐어! 내가 할게!"

약속 시간이 다 됐는데 친구가 전화로 약속을 취소한다. "갑자기 일이 생겨서, 미안." 그러자 당신은 자신도 놀랄 만큼 화가 치밀어 오른다. 지난 수년 동안 이런 식으로 배려해준 게 한두 번이 아니다. 그러고 보니 작년에 이 친구가 당신 생일을 잊어버린 데 대한 감정도 아직 풀리지 않았다. 알고는 있었지만 애써 외면하고 있던 진실이 이제야 선명하게 보인다. 이 친구는 당신보다 다른 사람과의 우정을 더 중요하게 생각한다는 사실을.

여섯 달 전 어머니가 오랜 투병 끝에 돌아가셨다. 투병 기간 동안 슬퍼할 만큼 충분히 슬퍼했고 마침내 죽음으로 어머니의 고통이 끝났을 땐 오히려 마음이 놓이는 것 같았다. 그런데 어느 날 저녁, 슬픈 영화를 보다가 갑자기 흐느껴 울기 시작한 당신은 자신이 엄마를 너무도 그리워하고 있다는 사실을 깨닫는다.

우리는 의식하는 자아가 우리의 전부라고 믿지만, 정작 중요한 감정은 몰래 숨어 있을지도 모른다. 앞의 《리어왕》 인용문을 봐도 알 수 있다. 셰익스피어 시대에도 자기인식에 대한 개념이 존재했다.

제인 오스틴Jane Austen의 소설에는 특정한 사고방식이나 열정에 눈이 가려 자신의 본성을 알아보지 못했음을 깨닫는 인물이 자주 등장한다. 《오만과 편견Pride and Prejudice》에서 엘리자베스 베넷은 다시의 편지에 담긴 진실을 마침내 알아채고는 이렇게 생각한다. '이 순간까지 나는 나 자신을 전혀 모르고 있었구나.' 블라디미르 나보코프Vladimir Nabokov와 포드 매덕스 포드Ford Madox Ford 같은 작가는 자신의 감정 속 진실에 닿지 못하는 사람들을 묘사하기 위해 '신뢰할 수 없는 화자'라는 장치를 이용했다.

'잠재의식'이라는 용어는 18세기 독일 철학자 크리스토퍼 리겔

경Sir Christopher Riegel이 처음 만들었고, 새뮤얼 테일러 콜리지Samuel Taylor Coleridge가 영어에 도입했으며, 그보다 한 세기 전에 프로이트가 정신분석 이론의 주춧돌로 삼았다. 그 뒤로 의식과 멀리 떨어져 있는 무의식•이라는 개념은 문화유산이 되어, 우리가 자아와 그 배경을 이해하는 데 큰 영향을 끼쳤다.

'프로이트의 말실수Freudian slip'를 예로 들 수 있다. 이는 말할 의도가 없었던 뭔가를 실수로 입 밖으로 내뱉는 것을 의미한다. 우디 앨런Woody Allen의 영화 〈애니 홀Annie Hall〉에 바로 그런 사례가 나온다. 영화 속 주인공은 심층 심리치료를 받기 시작했다며 이렇게 말한다. "날 분석하든 말든 상관없어요. 유일한 의문은 이거예요. 그런다고 내 아내가 바뀔까?"(그다음 대화에서 그는 '아내wife'가 아니라 '인생life'이라고 말했다고 우긴다—옮긴이) 프로이트의 말실수는 할리우드에서 즐겨 사용하는 수사법으로 〈오스틴 파워Austen Powers〉 시리즈, 〈브루스 올마이티Bruce Almighty〉, 〈라이어, 라이어Liar, Liar〉 같은 영화에서 웃음을 이끌어내는 장치로 쓰였다.

누군가가 달갑지 않은 의무나 잡일을 잊어버리면 사람들은 그 뒤에 무의식적인 동기가 숨어 있다고 추측한다. 그 일을 하고 싶지 않은 마음이 망각이라는 행위로 드러난 것이라고 말이다. 배우자가 기념일을 잊어버렸을 때 아무 의미도 없는 실수라고 넘길 사람이 몇이나 될까?

• 일상에서 많은 사람들이 '무의식the unconscious'을 '잠재의식the subconscious'이라고 칭하지만, 엄밀히 따지면 '무의식'이 맞는 용어이며 이 책에서도 그 용어를 사용할 것이다.

스스로에 대해 알아채지 못하는 타인에 대해 우리는 말이 많다. 회사 점심시간에 한 직원이 자리에 없는 다른 직원에 관해 이렇게 말한다. “쓴소리 듣기 싫어하는 사람인데 내가 괜한 말을 했나 봐. 그 사람은 자기가 완벽한 줄 알거든.” 오래 알고 지낸 친구들은 자리에 없는 친구와 그의 새 애인에 관해 이러쿵저러쿵한다. “왜 또 제멋대로인 여자를 만나는 거야? 자기 엄마랑 똑같은 여자잖아!” 마음을 고쳐먹고 새사람이 되기로 결심했다는 친구의 말을 들으며 우리는 속으로 이렇게 생각한다. ‘자기를 그렇게 모르나?’

우리는 주변 사람들을 꿰뚫어볼 수 있다고 가정하면서도 남이 자신을 그렇게 생각하면 쉽게 발끈한다. 내가 모르는 내 면모를 남이 볼 수 있다고 생각하면 불쾌해지는 것도 당연하다. 친구가 그런 암시를 보이면 우리는 아니라고 우길 것이다. 혀가 미끄러져 말이 헛나간 거지 다른 의미가 있는 건 아니라고, 직장 일로 스트레스를 많이 받아서 저녁 데이트를 잊었다고, 손님 명단에서 이름을 빠뜨린 건 단순한 실수지 그 사람이 작년 크리스마스 파티 때 나를 무시한 것에 대한 복수가 아니라고.

가끔은 정말로 직장에서 너무 시달려 깜박할 때도 있다. 가끔은 정말 아무 의미 없는 말실수를 할 때도 있다. 하지만 의식하지 못하고 자신에게조차 인정하고 싶지 않은 뭔가를 실수로 남에게 들켜버릴 때도 있다.

자신보다 타인의 무의식적 동기를 더 쉽게 알아채는 이유는 무의식의 본질을 생각해보면 완벽하게 이해할 수 있다. 프로이트와 그 이후의 수많은 정신역동 이론가에 따르면, 무의식에는 견딜 수 없을 정도로 고통스럽거나 자신의 윤리관·가치관과 충돌하거나 자아상을 해칠 만한 모든 생각과 감정이 담겨 있다. 그러니 무의식에 담긴 내용물을 알고 싶지 않은 게 당연하다. 알고 싶은 생각과 감정이었다면 애초에 무의식에 숨었을 리가 없다.

그렇다면 우리는 견디기 힘든 그 내용물을 어떻게 피할까? 남들에게는 보이는 우리 성격의 한 측면을 어떻게 계속 못 알아챌 수 있을까?

바로 여기서 심리적 방어기제('심리적 방어' 또는 간단히 '방어'라고도 한다)가 등장한다. 우리는 방어기제라는 눈에 보이지 않는 방법을 이용해 받아들일 수 없는 생각과 감정을 의식에서 몰아낸다. 그 과정에서 방어기제는 인간관계나 감정 영역에서 우리의 현실 인식을 미묘하게 왜곡해버린다. 이 책은 여러 종류의 방어기제와 그 작용 원리를 설명하고 자신이 어떤 방어기제를 사용하고 있는지 파악하는 법을 가르쳐줄 것이다. 또 무의식 속에 있는 것을 감당해내고 밖으로 표출하는 효과적인 방법도 알려줄 것이다. 너무 단단하게 굳어버린 방어기제는 감정적으로 충만하고 만족스러운 삶에 방해가 될 수도 있다.

대학 시절 나는 우울증에 빠져 전문가의 도움을 구했다. 심리치료를 받는 사람들이 흔히 그렇듯 나 역시 처음에는 치료사가 내 어려움을 해결할 새로운 방법이나 기술을 가르쳐줄 줄 알았다. 그런데 놀

랍게도(그리고 대개는 불쾌하게도) 치료사는 내가 하는 모든 말을 신중하게 들은 다음, 내가 그때까지 모르고 있던 감정적 측면에 대해 전혀 예상하지 못한 얘기를 꺼냈다. 나는 상당수 인정하지 않았고 이따금 화가 치밀어 오르기도 했다. 하지만 치료가 진행되는 동안 나도 모르게 그의 통찰을 증명해줄 사례를 물어다줬고 결국엔 그의 말을 받아들이게 됐다.

심리치료사가 되고 30년 동안 나도 그와 똑같은 방식으로 일했다. 도움을 받기 위해 찾아온 사람들의 말에 귀를 기울이면 그들이 무의식적으로 드러내는 많은 것이 들린다. 참기 어려운 욕구, 차마 인정할 수 없는 분노, 악의적인 시기와 질투, 파괴적인 수치심 등 너무 강렬해서 받아들이기 힘든 감정 말이다. 나는 그들이 그 감정을 피하기 위해 무의식적으로 사용하는 방법, 즉 심리적 방어기제를 스스로 이해할 수 있게 돕는다. 또, 특정한 방어기제 때문에 자신이 진정으로 원하는 것을 얻지 못하거나 자기 자신과 인간관계에 최선을 다하지 못하고 있다는 사실을 알려준다.

바로 여기에 심리적 방어기제의 문제가 있다. 인간이라면 어쩔 수 없이 누구나 겪는 고통에 대처하기 위해 방어기제가 필요하고 유용하지만, 너무 깊숙이 박혀버리면 직면해야 할 중요한 감정에 접근하는 데 방해가 될 수도 있다.

사랑하는 사람을 잃었을 때 헤어날 길 없는 슬픔에 일시적으로 무감각해지면 상황을 견뎌내는 데 도움이 된다. 반면, 어린 시절의 감정적 빈곤을 모른 체하면 지금의 불행한 결혼생활이 과거에 영향을 받고 있음을 알아차릴 수 없다. 우리 모두는 죽음을 향해 가고 있다는 인식을 차단하고 하루하루 열심히 살아간다. 하지만 그 정도가 지나쳐 자신이 불사신이라고 믿는다면 위험한 행동을 서슴지 않다가 비극적인 결과를 맞을 것이다.

힘든 감정을 참거나 몰아내면 황폐해지고 처세능력이 떨어진다. 예를 들어, 분노를 받아들이면 우리 삶에 중요한 변화가 생길 수 있다. 분노는 건강하지 못한 관계나 일방적인 우정을 끝내고, 부당한 대우를 받았을 때 스스로를 지킬 수 있는 동기가 돼준다. 또한 자신의 행동에 죄책감을 느끼고 후회를 인정하면 자신이 아끼는 사람과 더 쉽게 화해할 수 있다.

한편 방어기제는 격한 감정을 전혀 다른 곳으로 표출해서 우리가 진정으로 필요한 것을 얻지 못하게 가로막는다. 그래서 문제를 키우거나 심지어는 자멸하는 결과를 가져오기도 한다.

무엇보다 안 좋은 것은 애인이나 가족, 가까운 친구, 직장 동료와의 원만한 관계에 필요한 감정까지 몰아내거나 엉뚱한 방향으로 화살을 돌려버릴 수 있다는 점이다. 자신의 욕구를 외면하면 타인과 진정으로 친밀한 관계로 발전할 수 없다. 분노나 불행을 그냥 삼켜버리면, 가정에서건 친구 관계에서건 직장에서건 감정의 원인을 알아보려는 의욕이 생기지 않는다. 자신이 두려워하는 감정을 다른 누군가가 표출할 때마다 습관적으로 자기 안에 숨어버리는 사람은 한정적이고 불만족스러운 관계만 맺을 수밖에 없다.

이 책에서 나는 방어기제에 관한 모든 지식을 동원해 그것들이 인간관계에 끼치는 영향을 파헤쳐나갈 것이다. 불행한 패턴이 계속되고, 친밀하고 헌신적인 관계를 맺지 못하고, 직장에서 똑같은 문제가 반복되고, 친구 관계가 어그러지고, 부모나 자녀와 제대로 소통하지 못하는 데 당신의 방어기제는 어떤 역할을 하고 있을까.

우리의 최종 목표는 소중한 사람들과의 만족스러운 관계를 가로막는 방어기제를 해체하고, 무의식 속에 든 것을 효과적으로 표출하는 방법을 찾는 것이다. 모든 방어기제를 없앨 필요도 없고, 무의식 속에 있는 모든 것과 꼭 대면해야 하는 것도 아니다. 하지만 방어가 너무 단단하게 고착돼 인간관계를 심하게 방해하면, 의식적이고 융통성 있게 대처할 방법을 찾아야 한다.

심리적 방어기제란 무엇인가?

무의식과 마찬가지로 심리적 방어라는 개념도 인간 본성을 이해하는 데 영향을 끼쳤다. '방어적으로' 보인다거나 '방어적으로' 행동한다는 게 어떤 의미인지 모르는 사람은 거의 없을 것이다. 자신에 관해 어떤 진실을 들었는데 그걸 인정하고 싶어 하지 않는 사람을 보고 우리는 흔히 이렇게 표현한다.

"제프가 자기 형 얘기가 나올 때마다 방어적으로 변하는 거 봤지? 형 결혼식에서 저지른 짓 때문에 죄책감을 느끼는 게 분명해."

우리는 누군가가 고통스럽거나 불쾌한 뭔가를 피하려고 애쓴다는 사실을 쉽게 알아챈다. 이처럼 우리가 방어에 관해 알고 있는 것은 프로이트의 초기 연구 덕분이다.

프로이트는 1890년대에 심리적 방어라는 개념에 대해 저술하기 시작했는데, 요제프 브로이어Josef Breuer와 함께 쓴 초기 저작《히스테리 연구Studien über den Hystrie》가 가장 유명하다.• 프로이트가 이 정신현상을 설명하기 위해 사용한 단어는 '압베르abwehr'였다. '방어'보다는 '쫓아버리기' 또는 '막아내기'가 사실 더 정확한 번역이다.

프로이트의 용어 중에는 당혹스럽게 번역된 것이 많다. 예를 들어, 프로이트는 자아와 의식에 대해 쓸 때 '다스 이히das ich('나' 또는 '나를')'라는 일상적인 단어를 사용했는데, 번역자들이 영어로 옮기면서 '에고ego'라는 라틴어를 가져와 무겁고 과학적인 어감을 더했다.

프로이트의 생각은 단순하며, 방어기제라는 당혹스러운 번역어가 풍기는 느낌처럼 기계적이지도 않다. 그의 주장에 따르면, 우리는 때때로 너무 고통스럽고 도덕적으로 받아들일 수 없는 생각이나 감정과 마주하면 그것을 무의식으로 밀어버린다. 고의가 아니다. 의식 밖에서, 대개는 자동으로 벌어지는 일이다. 프로이트는 19세기 말 무렵 이 견해를 세상에 알리기 시작했다.

오늘날 정신역동 사상가와 치료사 대부분은 프로이트가 처음 소개한 심리적 방어의 성질과 기능에 관한 생각을 받아들이고 있고, 그동안 알프레트 아들러Alfred Adler, 안나 프로이트Anna Freud, 멜라니 클라인Melanie Klein을 비롯한 수많은 심리학자가 이 개념을 확장시켜 이해를

• Josef Breuer and Sigmund Freud. Studies on hysteria. *Standard Edition of the Complete Psychological Works of Sigmund Freud,* 3. (London: The Hogarth Press, 1953). 이후에는 이 판을 'S.E.'라는 축약형으로 칭할 것이다.

도왔다. 그중 영국의 정신분석학자인 도널드 멜처Donald Meltzer는 가장 단순하면서도 가장 덜 이론적인 해석을 내놨다. 모든 방어기제는 본질적으로 우리가 고통을 피하기 위해 스스로에게 하는 거짓말이라는 것이다.•

이런 시각으로 보면 개인적 경험과 방어기제를 연결하기가 한결 쉬워진다. 고통을 피하려는 욕망은 누구에게나 있다. 그래서 아픈 상처가 될 만한 진실을 마주했을 때 우리는 아무렇지도 않게 스스로를 속인다. 가끔 방어기제는 우리가 견딜 수 없는 진실과 대면해도 버틸 수 있게 도와준다.

그러나 고통과 정면으로 마주해야 할 때도 분명 있다. 진실을 회피하면 그 순간에야 기분 좋을지 몰라도 결국엔 상황이 더 악화된다. 가장 흔한 방어기제 하나를 예로 들어보자. 눈에 훤히 보이는 징후가 있는데도 배우자의 외도를 부정하면 잠깐의 고통을 피할 수야 있겠지만, 그로 인해 자녀와 다른 가족들이 입을 피해와 본인의 자존감 붕괴는 해결할 수 없다.

방어기제는 마치 내일은 없다는 듯 지금 당장 작동한다. 경솔하고 반사적이며 이 순간의 고통을 피하기만 하면 그뿐, 그 뒤에 어떤 파장이 일어날지는 고려하지 않는다. 가끔 우리는 마침내 깨어나 진실과 마주하기도 한다. 무의식 속에 있던 것이 문득 밖으로 드러나 오랫동안 우리 안에서 몰래 들끓고 있던 것을 깨닫게 될 때도 있다. 하지만 지

• 멜처는 영국의 또 다른 정신분석학자인 W. R. 비온W. R. Bion의 연구에 함축돼 있는 발상에서 방어에 관한 이런 견해를 발전시켰다.

금까지 쭉 그랬듯, 방어기제는 눈에 띄지 않게 작동할 때가 더 많다.

방어기제와 성격

심리적 방어기제를 하나씩 이야기하면 각각 따로따로 작동된다고 오해하기 쉽다. 마치 골프를 칠 때 이번 샷에는 우드, 아이언, 웨지 중 어떤 드라이버를 써야 좋을지 선택하는 것처럼 말이다. 하지만 습관처럼 자주 사용하는 방어기제는 한 사람의 성격 전반에 영향을 준다.

빌헬름 라이히Wilhelm Reich는 획기적인 저서《성격 분석Charakteranalyse》에서 이 문제를 다뤘다. 지금 영어권 사람들은 '캐릭터character'라는 단어를 별난 행동이나 품행을 묘사할 때 사용한다. "그 사람은 정말 괴짜야He's such a character." "그 여자는 성품이 좋아She's a woman of fine character." 반면 라이히는 독일어 '카락터Charakter'를 '성격personality'에 가까운 의미로 사용했다. 라이히는 한 사람의 성격은 곧 하나의 조밀한 방어기제로서 다른 심리적 방어와 똑같이 우리를 위협으로부터 지켜준다고 믿었다.• 그런 방어는 "그 사람의 전형적인 행동 방식, 말하고 걷고 몸짓하는 방식, 그리고 특징적인 버릇(어떻게 미소 짓고 어떻게 비웃는

• Wilhlm Reich, *Charakteranalyse* (1933). 영어판: (New York: Farrar, Strauss and Giroux, 1972) p. 48.

지, 얼마나 정중하고 얼마나 공격적인지)에서 드러난다".[••]

그래서 무슨 일이 있어도 절대 화를 안 내는 보기 드물게 좋은 사람이라는 소리를 자주 듣는다면, 이런 평가는 그 사람이 주로 사용하는 방어기제에 대한 힌트가 된다. 남이 자기 생각에 동의할 때까지 윽박지르거나 끈질기게 조르는 독선적인 사람이라면 완전히 다른 방어기제를 사용하고 있을 것이다. 주변 사람들과 평소에 어떻게 상호작용하는지를 생각해보면 자신이 일반적으로 어떤 방어기제를 사용하는지 알 수 있다.

최근 대중매체가 이른바 '성격장애'에 주목하면서, 한 개인의 성격을 지배하는 심각한 심리적 문제에 대한 대중의 인식이 높아졌다. 자기애성 성격장애[•••]가 있는 사람은 대체로 자만심이 지나치고, 공감능력이 떨어지며, 남에게 비판받으면 분노하거나 수치심을 느낀다. 경계선 성격장애가 있는 사람은 충동적이고 감정기복이 심하며 인간관계가 원만하지 못하다.

이러한 진단명은 사람들이 일상에서 인간관계를 맺는 특유의 방식을 압축적으로 묘사하고 임상용으로 정리한 것이다. 다른 사람을 설명하면서 아래 나열된 표현을 다들 한 번씩은 써봤을 것이다. 인간관계에서 마찰이나 다툼을 불러일으키기 쉬운 성격 특질과 관련되어 있기 때문에 남을 비판하려는 의도로 사용할 때가 많다.

•• 같은 책, pp. 51~52.

••• 미국정신의학협회가 다음에 발표할 《정신장애진단 및 통계편람DSM》 수정판에는 이 진단명이 삭제될 예정이라고 한다.

A는 뭐든 자기 멋대로 하려고 들어.

B는 자기를 구제해주지 않으면 안 될 것 같은 기분이 들게 해.

C는 일이 자기 뜻대로 굴러가기만 하면 상대하기 쉬운 사람이야.

D는 나한테 너무 매달려.

E는 냉혈한이야.

F는 히스테리가 심해.

G는 왜 늘 안절부절못하는 거야?

H는 정말 성질이 불같다니까!

I는 별것도 아닌 일에 호들갑을 떨어!

J는 자기가 유혹하면 여자들이 다 넘어올 줄 알아.

K는 너무 소심해.

L은 왜 연애할 때마다 호구 신세가 되는 거야?

인간관계에서 나타난 특징으로 누군가의 기본적인 성격을 판단하는 표현들이다. 여기에는 그 사람의 가장 큰 문제가 뭔지도 희미하게나마 드러난다. 1) A~D는 욕구와 의존성에 대응하는 능력이 떨어진다. 2) E~H는 격렬하고 대개는 고통스러운 감정을 감당하지 못한다. 3) I~L은 관계에서 자존감을 지키지 못한다.

2장에서는 살면서 마주치는 주요한 심리문제, 즉 욕구와 의존성, 감정 그리고 자존감을 각각 피고들 것이다. 어떤 문제가 특히 견디기 어려운지에 따라 사용하는 심리적 방어기제가 결정된다.

사람들은 보편적인 감정에 대응하기 위해 각기 다른 방어기제를 사용한다. 문화마다 용인하거나 거부하는 감정이 다르고, 사회적으로 용납되지 않는 감정을 회피하는 방식도 다르겠지만, 다음과 같이 인간 경험에 기본적으로 내재해 있는 문제와 씨름하는 건 어디나 똑같다.

1. 다른 사람과 관계 맺고 싶은 욕구가 있고, 필요한 것을 얻기 위해 그들에게 의존한다. 하지만 그 관계에서 오는 불만, 실망, 무력감을 견뎌야 한다.
2. 두려움, 초조함, 분노, 증오, 시기, 질투 같은 힘겹고 고통스러운 감정에 대처해야 한다.
3. 스스로에게 만족하고, 다른 사람과의 관계에서 자신의 가치에 확신을 가져야 한다.

사람마다 힘들어하는 문제는 다르다. 두 사람이 똑같은 감정적 문제와 씨름하고 있다 해도 방어하는 방식은 완전히 다를 수 있다. 우리가 사용하는 방어기제는 우리 성격을 형성하고 대인관계에 깊은 영향을 끼친다.

나는 어떨까?

이쯤 되면 이런 의문이 들 것이다. '그래서 심리적 방어기제에 어떤 게 있지? 아니, 그보다 나는 어떤 방어기제를 사용하고 있을까?' 이제부터는 우리가 일반적으로 사용하는 방어기제를 누구나 일상에서 겪는 경험과 나의 진료 경험에서 뽑은 사례와 함께 소개할 것이다. 이해를 돕기 위해, 1부와 2부 연습 코너에는 어떤 행동 뒤에 숨어 있는 심리적 방어기제를 인지할 수 있게 도와줄 질문과 훈련을 담았다.

연습을 활용하는 방법

첫 연습에 들어가기 전에 앞으로 돌아가 A~L의 성격 묘사를 다시 한 번 보자. 당신도 그중 한두 가지는 덜 극단적인 형태로 가지고 있을 수 있다.

"넌 왜 모든 일에 히스테리를 부려?" "넌 늘 너무 깐깐해!" "그냥 좀 편하게 생각할 수 없어?" 누군가에게 이런 말을 듣고 상처받은 적이 있다면, 그때 자기도 모르게 방어적인 태도를 취했을지도 모른다. 사람들이 나에 대해 안 좋은 말을 하거나 '늘', '모든 일에' 같은 단어를 사용해 인신공격을 하면, 아무리 정확한 평가라고 한들 듣기 괴로운 게 당연하다.

심지어 친구가 나를 걱정하고 아껴서 해주는 말도 마냥 듣기 좋지만은 않다. 말투가 아무리 상냥해도 그런 발언은 우리를 방어적으로 만든다. A부터 L까지 열두 가지 성격 묘사를 쭉 훑어보면서 자기에게 해당하는 건 없다고, 그런 낌새도 없다고 속으로 우기는 사람이 많을지도 모른다. 또는 이렇게 생각할 수도 있다. '맞는 부분이 있을 수도 있겠지, 하지만…….' 고통을 피하기 위해 스스로에게 하는 거짓말이라는 방어기제의 기본적 정의를 떠올리면, 이런 반응은 방어기제가 이미 작동 중이라는 신호일 것이다. '하지만'이라는 단어 자체가 대개 자기방어를 암시한다. 우리는 고통스러운 뭔가와 마주할 때 자주 방어적으로 변한다.

프로이트와 그 뒤를 따른 수많은 정신역동 심리치료사는 이 현상을 '저항resistance'이라고 부른다. 이 단어를 들어봤을 것이다. 이해하기 그리 어렵지 않은 개념이다. 견디기 힘든 감정이나 사실을 처음 피하고 나면, 즉 방어기제에 의지하면, 그 고통이 되살아날 조짐이 보이기만 해도 자연스럽게 저항하게 된다. 가끔 우리는 단지 사실이 아니기 때문에 어떤 생각을 거부하기도 한다. 하지만 위협적이거나 고통스러워서 저항할 때도 있다. 이런 경우 저항은 방어기제가 작동하고 있다는 의미다.

나는 심리치료사로서 매일 내담자들의 저항을 목격한다. 그러면 너무 공격적이지 않게 그들의 관심을 저항으로 유도하면서 그 의미를 생각해보게끔 격려한다. 심리치료를 받고 있지 않다면 이 책을 읽으면서 스스로 심리치료사가 되어 저항이 일어날 때마다 기록해둬야 한다. 인내심과 단호함을 갖고 스스로에게 어려운 질문을 던져야 할 것이다.

'나는 왜 사실이 아니라고 우기면서도 계속 이 생각을 하게 되는 걸까?'

'이 말이 왜 이렇게 거슬리지?'

'방어에 대해 읽다가 어떤 부분을 보고는 책을 덮어버렸는데, 대체 뭐가 걸려서 그랬을까?'

'그 사례 연구를 읽으면서 왜 그렇게 빨리 페이지를 넘겨버렸을까?'

이 책을 읽으면서 자신의 반응을 계속 기록해두길 바란다. 그러고 다른 사람의 눈에 띄지 않는 안전한 곳에 두길 바란다. 누군가가 읽을지도 모른다는 두려움이 있으면 창피하고 괴로운 생각을 마음껏 적기 어렵다. 최대한 솔직하고 객관적이어야 한다. 어떤 반응이 옳은가 판단하기보다 자신의 실제 감정에 집중하고 자신의 반응을 여과 없이 기록해야 한다. 반드시 변해야 한다는 강박감에 스스로를 몰아붙여서는 안 된다.

각 장의 끝부분에 나오는 연습은 다음과 같이 활용하면 좋다. 질문에 대한 답을 적고, 특히 강렬하거나 평소와 다르게 일어나는 반응에 주의를 기울인다. 계속 진행해나가다가 가끔 이전으로 돌아가 앞선 반응을 다시 살펴본다. 시간이 지나면서 관점과 인식이 달라지는 것을 깨닫게 될 것이다. 연습을 하기 싫고 질문에 답하기도 싫다면 이런 마음 역시 기록해두면 좋다. 저항은 아주 다양한 모습으로 나타난다!

연습

이 책에 실린 연습을 할 때에는 자신의 반응을 기록해야 한다. 이야기 형식으로 써도 좋고 간략하게 요약해도 좋다.

1. 몇몇 지인을 떠올려보자. 그들은 모르지만 당신은 꿰뚫어 볼 수 있는 그들

의 면모가 있는가? 왜 그들은 자신의 그런 모습을 알아채지 못할까? 뭐가 고통스러워서 진실을 받아들이지 못하고 있을까?

2. 이 장의 첫 부분에, 전부터 느껴왔지만 깨닫지 못했던 감정에서 깨어난 사람들의 사례를 소개했다. 당신에게 그런 일이 일어난 적이 있는가? 최종적으로 느낀 감정은 무엇이었는가? 불쾌하거나 고통스러웠나?

3. 누군가에게 어떤 말을 듣고 정말 기분이 상했거나 방어적인 태도를 취했던 경험이 있는가? 지금 돌이켜보면 그 말에 일말의 진실이 담겨 있다고 말할 수 있을까?

다음 단계

이 단순한 연습의 목적은 다른 사람과 자신에게 방어기제가 존재한다는 사실을 인식하고, 우리 모두가 어떻게 고통스러운 진실을 회피하는지에 초점을 맞추는 것이다. 내일부터 친구, 동료, 가족이 고통을 회피하기 위해 스스로에게 거짓말을 하고 있지는 않은지 지켜보자. 그리고 대면하고 싶지 않은 불쾌한 진실은 없는지 스스로에게도 물어보자.

2장

인간이 반복하는 세 가지 심리 문제

존재한다는 건 나약하다는 것이다.

— 노먼 O. 브라운Norman O. Brown

인간은 어떤 종족일까?

1. 무력한 유아기를 장기간 보낸 뒤 훨씬 더 긴 아동기 동안 타인에게 의존한다.
2. 위험한 세상에서 살아남기 위해, 중대한 상황에 대처하고 위협적인 자극에 재빠르게 반응할 수 있도록 돕는 강렬한 감정 반응체계를 진화시켰다.
3. 호모사피엔스는 역사적으로 늘 서열구조가 복잡한 집단이나 부족 내에서 살아온 사회적 동물이다. 구성원끼리 심리적·감정적으로 연결되면 집단의 결속력과 생존율이 높아진다.

이런 특징이 개인이나 일상 문제와는 큰 관계가 없는 그저 흥미로운 인류학적 사실처럼 들릴지 몰라도, 실은 하나하나가 우리 삶에서 중요한 역할을 한다. 그리고 부모, 자녀, 친구, 동료, 연인 등 모든 인간관계에 영향을 끼친다. 삶의 의미와 자존감을 찾아나서는 여정에서 꼭 염두에 둬야 할 부분이다.

발달 관점에서 보면, 인간의 이러한 특성은 우리 성격과 인생사 그리고 다음의 세 가지 심리적 문제에 영향을 끼친다.

1. 욕구와 의존성

우리는 욕구를 충족하고 세상의 위험으로부터 스스로를 보호하기 위해 아주 오랫동안 부모에게 의지한다. 이런 장기간의 나약한 아동기 때문에 의존성은 우리 삶의 핵심 문제가 된다. 나약하고 무기력하기만 한 유아기에 욕구가 충족되지 않고 부모의 보살핌을 제대로 못 받아 세상이 안전하다는 기분을 느끼지 못하면, 앞으로 살아가면서 다른 사람들을 믿고 의지하기가 어려워진다.

내담자 브라이언을 예로 들어보자. 그의 아버지는 브라이언이 어렸을 때 가족을 버렸고, 그의 어머니는 이런저런 남성들을 잠깐씩 만났다. 성인이 된 브라이언은 그 누구도 믿거나 의지하지 못하고 혼자 지내는 것을 더 편하게 여겼다. 자기 뜻대로 휘두를 수 있는 여성을 선택해 결혼하고, 아내의 움직임을 감시하기 위해 몰래 집 안에 카메라를 설치했다.

또 다른 내담자인 멜리사 역시 가정환경이 복잡했고, 애인이나 친구들과의 관계에서 집착과 소유욕이 강했다. 새로운 인간관계가 시작되는 순간부터 상대에게 집착하며 버림받을까 봐 두려워했다.

2. 강렬한 감정

아기는 태어날 때부터 주변 세상에 강렬한 감정과 두려움을 느낀다. 아기가 그 감정을 감당할 수 있게 돕는 것은 부모의 중대한 의무다. 아기를 진정시키고, 안전감을 느끼게 해주고, 고통을 달래줘야 한다. 어린 시절 양육자에게 제대로 된 보살핌과 감정적 도움을 받지 못하면, 감정을 조절하는 데 늘 어려움을 겪을 가능성이 있다.

내가 수년 동안 치료한 샤론이라는 젊은 여성은 폭식과 구토를 반복하는 악순환에서 벗어나지 못했다. 부모는 일찍 이혼했고 어머니는 군대식으로 엄격하게 아이들을 키우면서 격렬한 감정이나 갈등은 무조건 피했다. 그래서 두 번째 남편이 샤론을 성추행하고 있다는 사실을 알면서도 부정했다. 성인이 되자 샤론은 격한 감정을 견디지 못해 음식으로 자신을 마비시켰다. 구토는 견딜 수 없는 감정을 쫓아내고 마음을 비우는 수단이었다. 이 방법이 일시적으로는 먹혔다.

감정기복이 심하고 매우 불안정한 가정에서 자란 또 다른 내담자 에이든은 감정을 다스리지 못했다. 직장에서 발생하는 작은 문제를 크게 키우고, 불만이 있으면 동료들에게 분통을 터뜨렸다. 인간관계에서 생기는 갈등을 해결해야 할 때면 시시때때로 감정적으로 무너졌다.

3. 자존감

사람은 누구나 자신이 중요한 존재고 세상에 자기 자리가 있다고 느껴야 한다. 내적 자존감을 필요로 하며, 주변 사람들, 즉 '무리' 안에서 존중받고 있다고 느껴야 한다. 자신이 중요하고 가치 있는 존재라고 알려주는 환경이 인생 초기에 조성되지 않으면 평생 수치심과 낮은 자존감에 시달리기 쉽다.

엄격한 완벽주의자 부모 밑에서 자란 샘은 자신이 부모의 기대에 못 미친다고 느꼈다. 훤칠한 키에 용모가 뛰어났지만 자기를 추남으로 여겼다. 성인이 되어 결혼도 하고 겉으로는 이성애자로 지냈지만, 우울해지면 가끔 게이 목욕탕을 찾았다. 그곳에서 성행위를 하지는 않고, 다른 남성들이 자신에게 보내는 감탄과 욕망의 눈빛을 즐겼다.

또 다른 내담자인 제시카는 약물남용, 정신질환, 파경으로 얼룩진 대가족에서 자랐다. 제시카가 어릴 때 어머니는 예술적 재능이 있고 성적도 좋은 제시카를 '실패작'이 아닌 아이로 이상화했지만, 제시카는 자신의 재능에 한 번도 자신감을 느끼지 못했다. 참 오랫동안 수치심에 발목이 잡혀 있었다. 성인이 된 제시카는 예술적 재능을 꽃피우지 못하고 연애를 할 때마다 감정적 학대를 당했으며 친구들과의 관계에서는 받기보다 훨씬 더 많이 줬고 부탁은 거의 하지 않았다.

이렇듯 인간이 주로 겪는 세 가지 주요 심리문제가 힘든 마음의 중심에 있다. 내게 찾아오는 거의 모든 내담자가 이 중 한 가지 이상의 문제와 씨름하고 있다. 어떤 내담자는 진지한 대인관계의 의존성을 견디지 못한다. 브라이언처럼 상대에게 가까이 다가가지 못하거나 멜리사처럼 너무 가까이 들러붙는다. 감정을 다스리지 못하는 내담자도 있다. 그들은 샤론이 폭식을 한 것처럼 감정을 마비시키고 없애버리는 방법을 찾거나 에이든처럼 끊임없이 감정에 짓눌리고 휘둘린다.

위 세 가지 문제 중 하나 이상은 자신의 얘기처럼 들릴 것이다.

남들과 가까워지는 게 어려워서 또는 소유욕이 너무 강하거나 집착해서 만족스러운 인간관계를 맺지 못하고 있지 않은가? 과잉반응을 했다가 나중에 자주 후회하지 않는가? 또는 감정을 억눌러서 자신이 뭘 느끼고 있는지 모르고 있지 않은가? 평생 낮은 자존감, 심지어는 자기혐오에 시달리지 않았는가?

내 경험에 비춰보면 사람들은 대개 이런 문제를 어떤 식으로든 겪는다. 그리고 여러 가지 방어기제를 사용해 고통을 회피한다. 성공하는 사람도 있고 그렇지 못한 사람도 있다. 비교적 안정적이고 효과적인 방어기제를 사용하는 사람들은 심리치료사를 찾아가거나 이런 책을 거의 사지 않는다. 감정적으로 풍요로운 삶은 어느 정도 포기할 수밖에 없겠지만, 정서적 안정을 얻어 인생이 웬만큼 견딜 만해졌으니 말이다. 모든 고통스러운 감정을 인지하고 느껴야 하는 건 아니다. 심리적 방어기제가 인생의 고통을 감당하는 데 도움이 되고 그래서 유용할 때도 있다. 모든 사람이 심리치료를 필요로 하거나 원하는 건 아니다.

사람들은 방어기제가 잘 먹히지 않거나 방어기제 때문에 오히려 더 고통스러워지면 전문가의 도움을 구한다. 아마 당신도 그런 이유로 이 책을 샀을 것이다. 어떤 강박적인 행동 때문에 제대로 된 생활과 인간관계가 불가능해서. 또는 이해도 안 되고 끊어낼 수도 없을 것 같은 어떤 파괴적인 행동 패턴이 있어서. 남에게 감정을 마구 분출했다가 고통받거나 창피해지는 일이 많아서. 인간관계가 망가지고 어려워서.

이는 심리적 방어기제가 더 이상 자신을 보호해주지 않고 오히려 고통이 되고 있다는 신호다. 또한, 다음의 세 가지 주요 심리문제 중 하나 이상에 어려움을 느끼고 있다는 의미다. 1) 욕구와 의존성을 인간관계의 불가피한 부분으로 받아들이기. 2) 강렬한 감정 다스리기. 3) 자신이 흠 있는 인간이라는 수치심에서 벗어나 자존감 키우기.

방어기제가 아니라 더 효과적인 대처 방법을 찾아야 한다는 의미이기도 하다. 그 방법은 3부에서 배울 수 있다.

주요 심리문제에 관한 이론적 관점

(개념의 이론이나 역사에 별로 관심이 없다면 바로 연습으로 넘어가도 좋다.)

모두 알다시피 지그문트 프로이트는 인간 본성에 성적 본능(리비도)이 중요한 역할을 한다고 주장하면서 구강기와 항문기의 소아 성욕에 관한 이론을 발표해 동시대인을 충격에 빠뜨렸다. 프로이트는《성욕에 관한 세 편의 에세이Three Essays on Sexuality》에서 본능의 근원source·목표aim·대상object을 처음으로 언급했고, 이후의 저작에 이 개념을 계속 등장시켰다. "우리는 어떤 본능의 근원, 목표, 대상을 구분할 수 있다. 그 근원은 신체의 흥분 상태고, 목표는 그 흥분의 제거이며……."•

특히 초기 저작에서 프로이트는 가끔 기계론처럼 들리는 얘기를 한다. 마치, 인간관계에 대해서는 아무 언급도 하지 않고 성적 긴장의 축적과 뒤이은 방출을 이야기하는 생물학자처럼 말이다. 그러나 프로이트의 모든 이론에는 '본능이란 그 대상을 찾게 되어 있다'는 생각이 들어 있다. 즉, 우리 인간은 그저 성적 긴장을 간편하게 해소하고 싶어 하는 게 아니라 다른 사람과 연결되고픈 욕구를 갖고 있다는 것이다. 프로이트는 본능의 세 번째 요소로 바로 '대상'을 말했다. 정신분석 이론은 본인이 아닌 다른 사람을 지칭하는 데 처음부터 이 당혹스러운 용어를 사용했다.

다른 사람과 연결되고픈 욕구는 로널드 페어베언Ronald Fairbairn, 멜라니 클라인, 도널드 위니콧Donald Winnicott, 해리 건트립Harry Guntrip 같은 학자들이 발전시킨 대상관계이론Object Relations Theory의 중심에 있다. 대상관계이론은 프로이드의 리비도 이론 용어를 거의 그대로 사용하

• *New Introductory Lectures on Psycho-Analysis,* S.E.22(1933년). p.96.

지만, 성적 충동이 아니라 어머니와 아기 간의 수유 관계를 강조한다. 유아기 초기의 의존성, 즉 욕구와 갈망과 불만에 초점을 맞춘다. 오늘날 정신역동 심리치료사 대다수는 내담자를 이해하기 위해 이 이론적 틀을 사용한다.

'나의 내담자는 부모에게, 특히 어머니에게 의존해야 했던 무력한 어린 시절을 어떻게 보냈을까?'

'부모의 한계와 실패가 내담자가 성장하는 데 어떤 영향을 줬을까? 돌봐줄 사람이 필요했던 어린 시절의 경험이 견딜 수 없는 좌절감을 안겨줬을까?'

'어린 시절의 경험이 현재의 인간관계에 어떤 영향을 주고 있을까?'

다시 말해, 프로이트의 생각을 확장한 대상관계이론은 주요 심리문제 중 첫 번째인 타인에 대한 욕구와 의존성을 고찰한다.

그 뒤로 많은 학자들이 다 자라지 않은 아기가 감정을 다스리는 법을 배울 수 있도록 돕는 어머니 역할에 초점을 맞췄다. 도널드 위니콧이 말하는 '안아주는 환경holding environment' 개념, 하인츠 코헛Heinz Kohut이 강조하는 공감, 그리고 어머니가 아이의 고통스러운 감정을 담는 역할을 한다는 W. R. 비온의 주장. 이 세 가지 모두 아이가 감정적 경험을 받아들이고 이해하며 궁극적으로는 생각할 수 있도록 돕는 어머니의 역할을 이야기한다. 즉, 주요 심리문제 중 두 번째인 감정 다스리기와 관련된다. 정신역동 심리치료사 대다수가 이 이론들에 영향을 받았다.

'나의 내담자는 격렬한 감정을 왜 그렇게 견디지 못할까? 어머니

가 마음의 문을 닫았었나? 아니면 반대로 너무 혼란스럽고 무서운 사람이었나?'

'어떻게 하면 내담자가 분노를 다스릴 수 있게 도울 수 있을까?'

하인츠 코헛은 공감이 대상관계에서 하는 역할에 대해 썼고, 나아가 개인의 자아 경험에 대한 우리의 이해를 넓혀줬다. '본연의 자신을 만나는 기분은 어떨까.' '나는 정체성, 삶의 의미, 자기표현 같은 문제와 어떻게 씨름하고 있을까?' 더 최근에는 앤드루 모리슨Andrew Morrison이 나르시시즘을 비롯한 자아 장애와 깊은 수치심 간의 관련성을 밝혔다.• 이 학자들은 세 번째 주요 심리문제, 즉 내적 자존감과 자기가치에 대한 갈망을 탐색했다. 내담자에 대해 생각할 때 정신역동 심리치료사는 다음과 같이 믿을 것이다.

'어린 시절의 폭력적이고 너무나 혼란스러웠던 가정환경으로 인해 내담자는 자신이 정상이 아니라는 깊은 수치심을 안고 있다.'

'자기밖에 모르고 우울증에 걸린 내담자의 어머니는 아기를 신경 쓸 여유가 없고 사랑하거나 양육할 능력도 거의 없었다. 그 결과 내담자는 자신이 인간으로서 갖는 가치를 전혀 느끼지 못하고 자기에 대해 거의 모르고 자랐다.'

다음의 연습은 주요 심리문제를 더 깊게 들여다보고 자신에게 가장 힘겨운 문제가 무엇인지 파악하는 데 도움이 될 것이다.

• Andrew P. Morrison. *Shame: The Underside of Narcisism* (New York: Rutledge, 1997).

연습

다음 진술문은 크게 세 가지 군으로 나뉘어 있고 각각의 군마다 두 개의 하위그룹이 있다. 쭉 읽으면서 어느 군이 특히 마음에 와 닿는지 살펴보자. 그런 다음 자신을 좀 더 정확히 설명해주는 하위그룹을 결정하고 그 선택을 일지에 적어둔다. 2부에서 계속 언급될 테니 자신이 선택한 그룹 번호를 명확히 기억하고 있어야 한다.

일지를 안전한 곳에 보관하더라도 혹시 누군가가 펴보지 않을까, 내 뒤에 서서 어깨 너머로 보지나 않을까 걱정될 수도 있다. 이런 생각은 한쪽으로 치워놓도록 하자. 노력해도 끊임없이 걱정된다면, 그 누군가가 어떤 생각을 하고 있을지 짐작해서 그대로 적어보자.

자신에게 거는 기대와 '이상적인 나'가 또 다른 장애물이 될 수도 있다. 이 문제에 관해서는 나중에 다시 이야기하겠지만, 방어를 해체하는 방법을 배울 때에는 자기평가에 있어서 너무 혹독하지도 너무 관대하지도 않은 편견 없는 정직함이 꼭 필요하다. 최대한 객관적으로 자기 자신을 평가할 수 있어야 한다.

연습 뒤에 이어지는 설명은 반드시 선택을 마친 뒤 읽기 바란다.

A군

그룹 1

내가 필요로 할 때 달려와줄 사람은 없을 것이다.

나는 늘 집착이 강한 사람들과 엮인다.

애정에 굶주리고 남에게 의존하는 건 나약하다는 증거다.

나는 과식이나 과음을 거의 하지 않고 식욕을 잘 조절한다.

나는 다른 사람들만큼 섹스를 중요하게 생각하지 않는다.

무슨 일을 제대로 하려면 내가 직접 해야 한다.

그룹 2

어떤 문제가 생기면 누군가가 나 대신 바로잡아주지 않을까 하는 생각이 든다.

폭식은 하지 않지만 식습관을 좀 더 제어할 수 있으면 좋겠다.

연애를 할 때마다 온 마음을 쏟는다.

가끔 애정에 굶주린 느낌이 강하게 든다.

내키지 않으면서도 데이트 상대와 섹스를 할 때가 있다.

나는 남들을 많이 챙기는데 그들은 나를 별로 신경 쓰지 않는 것 같다.

B군

그룹 3

감정을 강하게 분출하는 사람을 보면 불편하다.

슬픈 영화를 볼 때를 제외하고는 거의 울지 않는다.

화를 거의 내지 않고 성질은 전혀 부리지 않는다.

나는 정말 좋은 사람이다.

새로운 일을 시작했다가 금세 흥미를 잃곤 한다.

극도로 조심하지 않으면 나쁜 일이 벌어질 것만 같다.

그룹 4

과잉반응했다가 나중에 후회할 때가 많다.

감정이 북받치는 일이 드물지 않다.

감정기복이 심하지 않았으면 좋겠다.

산만하고 통제 불능 상태라고 느낄 때가 많다.

이성을 잃고 흥분한 적이 많다.

수많은 격렬한 감정을 꾹꾹 누르고 있는 것 같은 기분이다.

C군

그룹 5

거울 보는 데 너무 시간을 많이 쓰는 것 같다.

새 옷을 사고 외모를 꾸미는 데 돈을 많이 쓴다.

다른 사람들이 내 외모, 성공, 성격을 부러워한다.

내 기준에 맞는 연애 상대를 찾기가 어렵다.

파티에서 사람들의 시선을 받는 게 좋다.

다른 사람에게 일상적으로 짜증이나 경멸을 느낀다.

그룹 6

내가 친구나 지인보다 못하다고 느낄 때가 많다.

실수할 때마다 자책하는 경향이 있다.

다른 사람들과 그들의 인생이 부러울 때가 많다.

다른 사람들이 날 얕볼까 봐 두렵다.

남에게 안 좋은 소리를 들으면 너무 힘들고 방어적인 태도를 취한다.

내가 다른 사람이면 좋겠다.

쭉 읽으면서 눈치 챘겠지만, A군은 욕구와 욕망과 의존성, B군은 강렬한 감정과 자기통제, C군은 남과의 비교를 통한 자기평가와 자존감에 초점을 맞추고 있다.

그룹 1에 가장 공감하는 사람은 욕구를 인정하고 남에게 의지하는 것을 어려워한다. 그들은 의존성을 거부하고 자신에게 욕망이나 욕구가 없다고 스스로를 설득하기 위해 방어기제를 사용한다.

그룹 2에 공감하는 사람은 욕구와 욕망에 잘 휘둘린다. 그들은 특유의 방어기제를 사용하여 욕구를 통제함으로써 자신을 제어하려고 한다.

그룹 3이 가장 와 닿는 사람은 강렬한 감정을 거북해하는 유형이다. 그들의 방어기제는 강한 감정을 불러일으킬 상황을 피하거나 그런 감정이 일어나면 그 여파를 줄이는 방향으로 작동할 것이다.

그룹 4에 끌리는 사람은 감정에 휩싸이는 경험을 자주 한다. 그들의 방어기제는 다양한 방식으로 그 감정을 없애거나 아니면 특정한 감정을 붙들어둘 수 있는 방법을 찾으려고 한다.

그룹 5나 그룹 6에 끌리는 사람은 수치심과 낮은 자존감에 시달린다. 그룹 5에 공감하는 사람은 진실과 정반대되는 것을 자신과 남에게 납득시키기 위해 방어기제를 사용한다. 그룹 6에 공감하는 사람은 완전히 다른 사람이 되고자 하는데, 그 욕망은 (완전히는 아니지만) 대체로 실패로 돌아간다. 이 욕망 자체가 방어기제의 한 유형이다. 이 문제에 관해서는 11장 '수치심 방어하기'에서 더 이야기할 것이다.

다음 단계

특정한 군이나 그룹이 자신에게 딱 맞아떨어지는 경우는 거의 없을 것이다. 예를 들어, 그룹 1과 그룹 3에 동시에 공감하는 사람이 많다. 중요한 건 자기 자신을 특정 유형으로 분류하는 것이 아니라, 나의 감정적 문제가 어디에 있는지 감지하는 것이다. 그래야 그에 대처하기 위해 자신이 어떤 방어기제를 사용하는지 파악할 수 있다. 누구나 이 모든 문제를 저마다 다른 정도로 경험하고 있다.

일상에서 이런 문제가 어떻게 발생하는지 주의를 기울여보자. 뭔가가 필요하거나 부족하다고 느낄 때 당신과 다른 사람들은 어떻게 반응하는가? 아주 단순한 예로 부엌에 있는 음료수를 갖다 달라고 누군가에게 부탁하기가 쉬운가, 어려운가? 주변 사람들이 강렬한 감정에 어떻게 대처하는지 주목해보자. 그들이 감정을 분출하는가, 아니면 억누르는가? 사람들과의 관계에서 내 자존감이 어떤지 점검해보고 그들은 나와의 관계를 어떻게 느끼고 있을지 추측해보자.

다음 장으로 넘어가기 전에 자신이 속한 그룹의 번호를 기억하고 있어야 한다.

3장

짚고 넘어가야 할 불편한 감정들

고통 없이 거저 찾아오는 자각은 없다.

— 카를 융Carl Jung

인간의 마음을 힘들게 하는 세 가지 주요 심리문제를 살펴봤다. 이 중 두 번째 문제가 특히 감정에 초점을 맞추고 있긴 하지만 세 영역 모두 인간이라면 한 번쯤 느끼는 특유의 감정과 관련되어 있다. 주요 심리 문제에 대처하려면 아주 다양한 감정을 마주하고 받아들여야 한다.

평범한 인간적 욕구를 느낀다는 건 다른 사람과의 교제를 갈망한다는 뜻이다. 우리는 육체적 친밀감에 목말라 있고 친구를 원하며 섹스를 욕망한다. 필요한 것을 손에 넣으면 행복과 만족감을 느낀다. 그렇지 못하면 슬픔이나 외로움, 좌절에 빠지기도 한다. 좌절감이 극단으로 치달으면 분노나 원망, 심지어는 증오까지 생겨난다.

자존감이 높은 사람은 자신이 온전하고 안녕하다는 느낌과 자부심이 있어서 자기 자신과 세상에 만족한다. 튼튼한 자존감은 행복과 충족감으로도 연결된다. 반면 수치심은 우리가 아는 가장 고통스러운 감정 중 하나다. 행복과 만족을 경험하지 못하게 막는 방해꾼이다. 감정 전반에 어둠을 드리우고 우리가 필요한 것을 얻지 못하게 막는다.

그래서 이 세 가지 문제에 대응하다 보면 격한 감정이 일어날 수밖에 없다. 그 감정을 잘 헤쳐 나가려면 즐겁든 고통스럽든 그 강렬함을 견뎌내는 법을 배워야 한다. 다양한 감정을 마냥 피할 수만은 없다는 사실을 받아들여야 한다.

그저 행복하고 싶을 뿐인데

심리치료사로서 새로운 내담자를 만날 때마다 처음 마주치는 어려움 중 하나는 고통스러운 감정을 피할 수는 없다는 사실을 이해시키는 일이다. 나 역시 치료를 받았을 때 상담 초기에 치료사에게 이렇게 말했다. "그저 행복하고 싶어요." 이런 비슷한 말을 여러 번 했다. 그러면 치료사는 내게 이런 질문을 던졌다. "당신이 실제로 느끼고 있는 감정이 뭔지 알고 싶은 겁니까? 아니면 그냥 한 가지 특정한 감정을 느끼고 싶은 겁니까?" 나를 찾아온 내담자들도 행복해지고 싶다는 말을 많이 한다. 그러면 나도 내 치료사와 똑같은 방식으로 대응한다.

누구나 행복을 원하고 다른 사람을 사랑하고 싶어 한다. 지극히 정상적인 일이고 그 방법을 알려주는 전문가들의 조언도 넘쳐난다.

서점 자기계발 코너에 가보면 행복으로 가는 길을 설계해주거나 무조건적 사랑을 성취하는 방법을 가르쳐주는 책이 수도 없이 꽂혀 있다. 부정적인 감정을 극복하는 방법을 안내해주는 책도 많다. 행복에 대한 갈망도, 사랑을 느끼고픈 욕망도, 힘겹고 고통스러운 감정을 초월하고픈 소망도 이해 못 할 바는 아니지만, 나는 이 책에서 감정에 대한 다른 접근 방식을 제안하려고 한다.

감정은 일시적인 경험이다. 찾아왔다가 순식간에 사라지며, 늘 한 가지 감정만 느끼는 사람은 아무도 없다. 이런 의미에서 행복의 성취는 불가능하다. 그 상태에 도달한 다음 계속 거기에 머물 수 없기 때문이다. 좋아하는 일을 하면서 행복한 결혼생활을 하고 있다 해도 부모나 소중한 사람이 세상을 떠나는 날이 언젠가는 온다. 큰 성공을 거두고 인생의 목표를 이룬다 해도 경기가 나빠지거나 도로가 꽉 막히거나 가게 점원이 무례하거나 비행기가 취소되거나 일이 잘못되거나 사고가 일어날 수 있다. 불만, 실망, 분노, 슬픔, 비통함은 인간이라면 누구나 겪을 수밖에 없는 감정이다. 결정적으로 모든 사람은 죽음을 피할 수 없다.

인간은 본성상 가능하면 고통을 피하려고 한다. 금요일 오후 퇴근길에 교통체증을 피하기 위해 다른 경로를 찾고, 점원이 불친절한 가게를 다시는 찾아가지 않고, 툭하면 내 감정을 상하게 하는 사람과는 인연을 끊는다. 그럼에도 고통을 예상하거나 피하는 것은 불가능하다. 그럴 때는 고통이나 불만, 실망을 참아내야 한다. 가끔은 교훈을 얻을 때도 있지만('다시는 걔 안 믿어. 뒤통수 맞은 게 한두 번이 아니야.'), 그저 감정이 사라질 때까지 견뎌내는 수밖에 없을 때가 대부분이다.

감정을 불가피하거나 필연적인 것으로 받아들이고 견뎌내는 데 서툰 사람이 아주 많다. 술이나 불법적인 약물을 사용해 감정을 없애버리고, 딴 데로 정신을 팔고, 심지어는 진짜 감정을 스스로에게 속이려고까지 한다. 그러면서 앞으로 2부에서 이야기할 여러 가지 방어기제에 의존한다.

방어기제에 대해 배우기 전에 먼저 감정이 어떤 풍경을 이루고 있는지부터 이야기해보자. 우리가 주요 심리문제를 헤쳐 나갈 때 한 번쯤 느끼고 시달리는 감정은 무엇일까? 자기 자신과 경험을 완전히 파악한다 해도 그런 감정은 피할 수 없다. 보통은 바로 이런 고통스러운 감정 때문에 방어기제에 의존한다.

아리스토텔레스가 말한 감정의 종류

수백 년 동안 많은 학자들이 감정을 하나의 명확한 목록으로 작성하려고 시도했다. 그중 아리스토텔레스가 제시한 목록은 2,000년도 더 지났지만 내 목적에 가장 들어맞는 것 같다.

《수사학Rhetoric》 제2권에서 아리스토텔레스는 감정의 기본 구조가 일곱 개의 대립쌍으로 이뤄져 있다고 말한다.

분노와 평온

증오와 사랑

두려움과 신뢰

수치와 무치

감사와 배은망덕

연민(또는 공감)과 분개

시기와 경쟁심

수사학이라는 공적 담론의 기술에 관한 글이기 때문에 아리스토텔레스는 감정이 판단에 끼치는 영향, 즉 연설가가 청중의 감정을 불러일으켜 그들을 설득할 수 있는 방법을 강조한다. 하지만 나는 인간관계에서 이 감정이 불가피하게 발생하는 방식에 초점을 맞추면서 방어기제를 가장 자주 유발하는 견디기 힘든 감정에 주안점을 둘 것이다.

나는 이 감정을 약간 다른 방식으로 분류하려고 한다. 유아기에서 성인으로 성장하는 과정에서 통과하는 감정적 발달 단계를 토대로 삼되, 주요 심리문제를 함께 다룰 것이다. 살면서 느끼는 모든 감정이 하나도 빠짐없이 포함되지는 않겠지만 우리가 경험하는 주요 감정, 특히 가장 큰 고통과 어려움을 주는 감정을 중점적으로 다룰 것이다.

대부분의 정신역동 심리치료사가 그렇듯, 나 역시 아기와 영아기 초기 경험에 관심이 많다. 자궁에서 세상 밖으로 나올 때 만나는 환경이 주요 심리문제를 해결하는 데 도움이 되는지 방해가 되는지가 성인기에 중대한 영향을 끼친다. 평생 심각하게 시달릴 수도 있는 고통스러운 감정 중 일부는 우리가 세상에 태어나 처음으로 느끼는 감정이다.

두려움과 분노 그리고 증오

갓 태어난 아기의 새된 울음소리를 들으면 불편할 때가 있다. 온갖 고통스러운 감정이 우리 안에서 일어난다. 자신의 반응에 가만히 주의를 기울여보면 아기가 어떤 감정을 느끼고 있을지 느낌이 온다. 우선은 두려움이다. 갓난아기의 울음은 자궁 밖 인생에 닥칠 예측 불허의 낯선 경험에 대한 두려움을 전달한다. 아기의 울음소리가 화난 것처럼 들릴 때도 많다. 지금의 이 느낌이 싫다는 듯, 심지어는 학대받는 느낌이 든다는 듯이.•

아마도 아기는 배가 고프거나 춥거나 몸 어딘가가 불편하거나 아니면 그냥 지쳤을지도 모른다. 새롭고 낯선 경험은 고통스럽기 때문에 아기를 겁먹게 만든다. 아기는 이 경험이 얼마나 오래갈지 알지 못한다. 불편한 상태가 너무 오래 계속되면 화를 낸다. 달아날 수 없는 감각에 괴롭힘을 당하는 것처럼 느끼고, 심지어는 그 감각을 증오하게 되기도 한다. 나는 이것이 낯설거나 고통스러운 경험에 대한 우리

• 이 초기 단계의 증오는 아기가 양육자에게 느끼는 증오가 아니다. 그보다는 감정적이고 육체적인 고통의 경험을 증오한다는 의미다.

의 최초 반응이라고 생각한다. 정도야 조금씩 다르겠지만 죽을 때까지 그런 경험은 계속된다.

성인 중에도 새롭고 낯선 경험을 두려워하는 사람이 아주 많다. 그런 두려움 때문에 위험을 기피하고 미지의 것보다는 친숙한 쪽을 택한다. 새로운 직업, 새로운 인간관계, 심지어는 색다른 머리 모양을 시도해보는 것조차 꺼린다. 많은 사람이 다람쥐 쳇바퀴 돌듯 살면서 틀을 깨고 예상 밖의 일을 하기를 두려워한다. 여러 복잡한 이유가 있겠지만 상황이 변하려고 할 때 느껴지는 불안감이 주된 요인일 것이다. 뜻밖에 찾아드는 예측 불허의 감정이 두려운 나머지 우리는 문제가 일어나기 전에 그 감정을 의식에서 몰아내기 위해 방어기제를 가동한다.

피곤하거나 배가 고프거나 아플 때 짜증을 부리면서 주변 사람들에게 툴툴거린 적이 있지 않은가? 그러면 그들은 "나한테 화풀이하지 마"라고 답한다. 이 투덜거림은 불쾌한 경험 때문에 치밀어 오른 분노의 표출이다. 우리는 그게 남 탓인 양 주변 사람들에게 분노를 풀어버린다. 싫은 감정을 느끼면 화가 나고, 그 감정의 원인처럼 보이는 사람들이 미워질 때도 있다. 대개는 부당하다. 내가 지금 이런 감정을 느끼는 게 꼭 그 사람 잘못이 아닌데도 마치 그의 잘못인 양 계속 쏘아붙이게 되는 것이다.

가끔 일어나는 두려움, 분노, 심지어 증오까지도 감정의 풍경에서 빠질 수 없는 부분이다.

평온과 신뢰

아기가 필요한 것을 얻을 수 있는 감정적 환경이 조성됐다면, 즉 부모가 아기를 안아주고 밥을 먹여주고 달래주고 기저귀를 갈아준다면, 아기는 두려움이 가라앉으면서 평온해질 것이다. 불편함이 사라지면 분노와 증오도 점점 희미해진다.

물론 결국에는 배고픔이나 피로 같은 육체적 불편함이 다시 돌아와 두려움과 분노를, 가끔은 증오를 새로 불러일으킬 것이다. 하지만 그때마다 필요한 것을 부모에게 받으며 평온한 상태로 돌아가는 경험이 반복되면 세상이 안전한 곳이라는 의식이 점점 더 아기 안에 자리 잡는다. 누군가가 밥을 먹여주고 달래주는 기억이 하나둘씩 쌓여가고, 시간이 흐를수록 아기는 다음에 또 고통스러워질 때 양육자가 다시 나타나 자기를 도와주리라고 믿게 된다.

믿음직한 보살핌을 받아 평온한 상태로 돌아가는 경험이 되풀이되면 양육자에 대한 신뢰뿐만 아니라 자기신뢰의 토대도 쌓인다. 고통스러운 순간을 무사히 넘긴 기억이 쌓이면서 다음에 또 그런 감정이 생겨도 견뎌낼 수 있을 거라는 확신이 생긴다. 감정적 폭풍을 견뎌내고 역경을 헤쳐 나가 살아남는 능력은 자존감이나 자기신뢰의 밑바탕을 이룬다.

정서적으로 안정되어 있고 제법 자신만만하며 오만하지도 무심하지도 않고 딱히 특별한 면모 없이 그저 평범하고 상식적이며 자기 인생에 꽤 만족하고 있는 사람을 상상해보자. 그는 내가 방금 묘사한 감정적 도움을 받을 수 있는 환경에서 자랐을 확률이 높다. 어느 정도 믿음직하고 우리 요구에 충분히 부응하는 환경은 정신의 양식과도 같고 그 속에서 우리는 평범한 성인으로 성장할 수 있다.

충분히 좋은 환경에서 자란 사람은 자신을 신뢰하며 폭풍 같은 감정을 견뎌낼 줄 안다.

수치심

부모가 아기를 달래지 않고 필요한 것을 주지 않으며 심지어는 아기를 거부하고 적대적으로 대한다면 어떻게 될까? 많은 부모가 감정적으로 여유가 없어서 육아로 인한 박탈감과 어려움을 견디지 못한다. 아기로 인해 느끼는 감정이 싫어서 그냥 돌아서버리기도 한다. 자신의 욕구와 개인적인 문제에 너무 몰두해 다른 사람은 생각하지 못하는 부모가 너무나 많다. 어떤 불행한 아기들은 정신질환을 앓고 있는 부모에게서 태어나 우울증의 수렁에 빠져 불안감에 시달리거나 자기 자신과 자신의 한계를 잘 인식하지 못한다.

이런 환경에서 자라는 아기는 어떻게 될까?

세상은 안전한 곳이고 성장을 위해 필요한 음식과 정서적 도움을 얻을 수 있을 거라는 믿음이 없기 때문에 견딜 수 없는 두려움과 분노와 증오에 쉽게 휩싸인다. 고통스러운 이 경험을 견뎌낼 능력이 없는 아기는 그것을 의식하지 않으려고 피하는 것밖에는 할 수 있는 일이 아무것도 없다. 그 경험을 받아들이고 이해하는 법을 배우지 못하고, 심리적 방어기제에 의존해 그 경험을 없애거나 의식하지 않으려고 애쓴다.

이런 가정에서 자라는 아기들은 기본적인 신뢰감을 기르지 못하고 세상을 위험한 곳으로 인식하며 앞으로 벌어질 일을 걱정한다. 신뢰감에 뒤따르는 자신감이 부족해 깊은 수치심에 빠진다. 이런 유형의 수치심은 나중에 인생에서 중요한 사람들이 던지는 수치스러운 메시지로 인해 생기는 수치심과는 다르다.• 사회적으로 용인되는 행동 규칙을 어겼을 때 느끼는 수치심과도 다르다. 부모에 대한 실망감으로 생기는 수치심은 우리 존재의 중심부를 뒤흔들어놓는다. 자신이 남들과 다른 흠 있는 인간, 심지어는 기형처럼 느껴진다. 이런 유형의 수치심에 대해서는 11장에서 더 자세히 얘기할 것이다.

이런 수치심에 시달리는 친구가 주변에 한 명쯤은 있을 것이다. 앞서 말했던 내담자 제시카처럼 재능은 있는데 잠재력을 다 발휘하지 못하고 남에게 받는 것보다 주는 것이 많으며 학대하는 남자들과 계속 연애를 하는 사람도 있다. 또는 존경과 욕망의 대상이 되고 싶은 욕구가 너무 큰 나머지 목욕탕에서 자신을 과시하는 샘 같은 사람도 있다.

수치심은 결핍된 어린 시절의 치명적인 유산이자 가장 강력하면서도 가장 이해하기 어려운 감정으로 방어기제를 자주 발동시키는 원인이다.

• John Bradshaw. *Healing the Shame that Binds You.* (Deerfield Beach, Florida: HCI, 1987).

시기와 질투•

자신이 흠 있는 사람이라는 수치심에 시달리며 자라는 사람은 시기와 질투 역시 강하게 느낀다. 출세하고 목표를 이루고 돈도 나보다 잘 버는 사람 앞에 서면 수치심과 열등감이 거세게 일어 그가 미워지기까지 한다. 자질이든 인간관계든 어떤 물건이든 내가 절대 소유할 수 없을 것 같은 뭔가를 갖고 있는 듯한 사람을 보면 그를 비하하고 그의 성취를 조롱하고 그의 콧대를 꺾어놓고 싶어진다.

이런 유형의 수치심에 시달리지 않는 사람이라도 가끔은 남을 시기한다. 시기심은 어느 정도는 정상적인 감정이다. 누군가를 시기하면 자기가 원하는 게 뭔지 깨닫고 그것을 얻기 위해 열심히 노력할 수 있다. 시기심은 자신이 원하는 것을 다른 사람이 갖고 있다는 약간은 고통스러운 자각일 수도 있지만, 그렇다고 해서 무조건 그 사람이 미워지거나 그를 무너뜨리고 싶어지는 건 아니다. 그런데 거기에 수치심이 스며들면 시기심은 견디기 어려운 아주 파멸적인 감정으로 변해버린다. 시기의 대상을 망가뜨려놔야 속이 풀릴 것 같은 기분이 들기도 한다.

마찬가지로 질투 역시 사람들이 아주 흔하게 경험하는 감정이다.

• 내가 사용하는 '시기envy'라는 단어에는 다른 사람의 장점을 알고 괴로워하거나 분해하는 감정과 그 장점을 자신도 갖고자 하는 욕망이 결합돼 있다. '질투jealousy'는 인간관계에 경쟁이나 불신실의 문제가 있을 때 생겨나는 감정이다. 다시 말해, 시기는 두 사람 사이에("내가 원하는 걸 넌 갖고 있어."), 질투는 세 사람 사이에("네가 또 다른 사람과 맺는 관계에 위협을 느껴.") 일어나는 감정이다.

대부분의 사람들이 살면서 한 번쯤은 질투를 느끼지만, 큰 문제가 되지는 않는다. 아주 좋아하는 누군가가 다른 친구나 내가 모르는 사람들과 자주 어울리면 소외감이 들기도 하지만, 그렇다고 해서 큰 위협으로 다가오지는 않는다. 큰 위협으로 느껴지거나 질투 때문에 너무 힘들다면, 아주 합당한 이유(예를 들어, 배우자가 바람을 피운다거나)가 있거나 아니면 근원적인 수치심 때문일지도 모른다. 어린 시절 제대로 보살핌을 받지 못한 탓에 자신이 부족하거나 쓸모없는 사람으로 느껴지는 것이다.

어린 시절 부모에게서 정서적인 도움을 받지 못하고 필요한 것을 얻지 못한 사람은 성인이 되어 맺는 인간관계에서 자주 불안감을 느낀다. 일시적으로 지나가는 사소한 질투도 못 견디는 사람들이 있다. 그리고 수치심이 심하면 자신이 진짜 사랑받고 있을까 하는 의심 때문에 질투가 훨씬 더 힘겨워진다. 상처와 결함 때문에 사랑받을 수 없을까 봐 두려워진다. 우리 안에 있는 진실이 들통나고 거부당하는 건 시간문제라는 두려움 때문에 질투는 독이 된다.

시기와 질투는 정상적인 감정이다. 그러나 거기에 수치심이 가세하면 견딜 수 없어진다.

사랑과 삼사,
공감능력

충분히 괜찮은 환경에서 자라면, 즉 양육자가 우리에게 안전감과 사랑, 자기신뢰를 느끼게 해주면, 양육자가 베풀어준 것에 고마운 마음이 생긴다. 남을 사랑할 수 있는 능력도 생긴다. 우리의 욕구와 감정에 공감하고 적절하게 대응할 줄 아는 사람에게 보살핌을 받으면 우리도 다른 사람들에게 똑같이 해줄 수 있다. 주변 사람들이 우리 감정을 이해해주고 우리가 그 감정을 견딜 수 있게 도와주면 나중에 우리도 다른 사람에게 똑같이 해줄 수 있다.

공감이란 다른 사람의 입장에서 생각할 줄 안다는 뜻이고 감정의 측면에서 말하자면 다른 사람의 감정 속으로 들어간다는 의미다. 그렇기 때문에 공감하려면 그 감정을 받아들일 줄 알아야 한다. 필요한 것을 충분히 얻지 못하거나 의존하는 사람들에게 공감받지 못하면, 우리는 남들의 감정에 공감하지 못한다. 남을 진정으로 사랑할 줄 아는 능력이 심하게 떨어지고 자기밖에 모른다. 요즈음 흔히 사용되는 의미의 나르시시즘에 빠지는 것이다.

또는 공감능력이 지나쳐서 다른 사람들의 욕구에 과도하게 집중하는 사람들도 있다. 애정결핍이 극도로 심한 미성숙한 부모에게서 정서적인 도움을 거의 받지 못하고 자란 사람은 남들의 욕구를 먼저 챙겨줘야 자신에게 필요한 것을 얻을 수 있다고 느낀다. 욕심 없이 타인에게 헌신하는 것처럼 보이겠지만, 실은 진정한 베풂이 아니라 채워지지 않은 욕구를 채우고 이상적인 자아상을 만들어 수치심을 없애려는 몸부림이다.

감사함과 사랑을 느끼고 타인의 감정에 공감할 줄 아는 능력은 충분히 좋은 환경에서 비롯된다. 극심한 박탈감은 자기도취나 거짓 이타심을 낳는다.

지금까지 바람직한 성장 과정에서 벗어나면 생길 수 있는 문제를 간략하게 정리했다. 여기에는 내가 심리치료사로서 경험하고 공부하고 훈련한 내용이 압축되어 있다. 소화하기에 너무 벅차다고 느끼는 것도 당연하다. 하나씩 다시 되짚어볼 테니 걱정할 필요 없다. 나중에 여기로 돌아와 다시 읽어봐도 좋다.

핵심은 특정 감정, 대부분은 고통스러운 그 감정이 인간 경험에 내재해 있어서 완전히 피할 수는 없다는 것이다. 거의 모든 사람이 저마다 다른 시기에 그 감정과 직면한다. 다음 연습이 경험 속에서 그 감정을 확인할 수 있게 도와줄 것이다.

연습

다음 감정을 느꼈던 순간을 떠올려보라. 그 순간의 느낌을 최대한 자세하게 적어보자. 여러 가지 경험이 떠오른다면 더 고통스럽거나 힘겨웠던 경험에 집중하자. 그 감정을 떠올리면 당시에 느꼈던 몸의 감각, 그 감정이 불러일으킨 공상, 그 감정에 대해 스스로 내렸던 판단, 그리고 그 감정을 표출했을 때 다른 사람들의 반응까지 기억날 것이다. 그 감정을 깊숙이 파고들어 모든 걸 적어보자.

다음은 우리가 보통 꺼리고 가장 힘들어하는 부정적이거나 고통스러운 감정이다.

너무 초조하고 불안하다.
괴로울 정도로 외롭다.
성적으로 불만족스럽다.
남의 애정과 관심이 간절하다.
심한 분노가 치민다.
깊은 상실감 때문에 슬프다.
증오에 차 있다.
수치심이나 굴욕감을 느낀다.
고통스러울 정도로 남이 부럽다.
질투가 나서 죽을 것 같다.

이 중 해당 사례가 하나도 생각나지 않는 감정이 있다면 따로 적어두자. 방어기제가 작동 중이라는 의미일 수도 있기 때문이다(즉, 그 감정을 의식에서 몰아냈을지도 모른다). 자기도 모르게 어떤 감정을 정당화하거나 다른 사람 탓으로 돌리고 있다면 그것도 기록해둬야 한다. 자신이 유독 받아들이기 힘들어하는 감정일지도 모른다.

고통스러운 감정에 집중하는 이 연습을 끝내고 나면 당연히 피로가 몰려들 것이다. 잊고 싶은 기억을 들춰내는 데 많은 시간을 쏟아붓

는 건 흔한 일이 아니니 여기서 잠깐 휴식을 취하는 것도 좋다.

다음 단계

지금쯤은 우리를 가장 힘들게 하는 주요 심리문제를 기본적으로는 이해했을 것이다.

a. 인간의 기본적인 욕구에 있어서 우리는 지나치게 자립적이거나 지나치게 의존적일 수 있다.
b. 감정을 지나치게 많이 또는 지나치게 적게 느낄 수 있다.
c. 수치심에 발목이 잡히거나 아니면 끊임없이 거기서 달아날 수 있다.

이 장의 연습에서 우리는 주요 심리문제와 관련하여 생겨나는 가장 힘겨운 감정을 탐구하면서 자신에게 가장 괴로운 감정이 무엇인지에 관한 실마리를 얻었다.

이제 각자의 방어기제에 대해 배울 준비를 마친 셈이다. 방어기제는 어떤 원리로 작동하고 우리는 어떤 방어기제를 사용하고 있을까. 2부에서는 바로 이 문제에 대해 이야기할 것이다.

여기서 잠깐

심리적 방어라는 개념은 경계가 분명한 하나의 독립적 정신과정으로 보이기 쉽다. 2부에서는 방어기제의 특징에 익숙해지도록 하나씩 논할 텐데 그때 명심하고 있어야 할 사실이 있다. 각각의 명칭을 가진 심리적 방어가 실제로는 완전히 별개가 아니며 때로는 전혀 다른 식으로 개념화될 수도 있다는 것이다.

같은 맥락으로, 모든 사람에게 진단명을 붙이는 현재의 분위기는 꽤 우려스럽다. 요즘은 조울증, 주의력결핍 및 과잉행동장애ADHD, 외상후스트레스장애PTSD, 자기애성 성격장애, 경계선 성격장애, 계절성 정서장애 같은 용어를 너무나 자주 사용한다. 이런 진단명을 알면 자기 자신이나 다른 사람에게 정말 중요한 게 뭔지 알게 된 것처럼 마음이 편해질지 모르겠지만 인위적으로 나눠놓은 이 범주는 인간 경험의 광대한 다양성을 무시하고 있다. 한 범주에 깔끔하게 들어맞는 사람은 아무도 없다.

예비 내담자들은 자신에 대해 중대한 사실을 알려주기라도 하듯 이런저런 장애를 진단받았다고 밝히곤 한다. 그렇다고 해서 그들이 다른 사람보다 더 깊이 자기 자신을 이해한 뒤에 치료를 시작하는 건 아니다. 다른 책이나 매체에서 무언가를 읽고 자신이 특정 장애를 앓고 있다고 믿는 이들이 많을 것이다. 당분간은 그 생각을 제쳐놓자. 진단 범주에 자신을 끼워 맞출 게 아니라 우선 자신만의 성장 배경과 성격을 고려해야 한다. 어떤 진단명이 자기에게 가장 잘 들어맞는지 고민하지 말고 자신만의 방어전략, 즉 고통과 그 이유를 의식하지 않기 위해 자신이 무엇을 하고 있는지 이해해야 한다.

내가 어떤 특정 방어기제를 사용하고 있는지, 《정신장애진단 및 통계편람》의 어느 범주에 속하는지 걱정하는 대신 내가 어떤 감정을 피하고 있는지, 그 감정이 왜 고통스러운지에 초점을 맞춰야 한다.

우리가 어떻게 개념화하든 간에 모든 방어기제는 받아들일 수 없거나 못 견디게 고통스러운 내면의 뭔가를 피하고 위장하고 없애려는 우리 노력을 대변한다.

이제 2부로 넘어가보자.

2부

나를 지키려는 마음의 기술

10가지 방어기제 들여다보기

4장

억압과 부정 : 보기 싫은 진실을 벽장 속에 감추다

네 마음에 귀를 기울여봐, 넌 너무 억압돼 있어.

—〈점원들Clerks〉

억압

편의점 직원 두 명에 관한 저예산 인디 영화 〈점원들〉의 대사에 정신분석학적 개념이 섞여 들어갔다는 건 그 개념이 문화적으로도 보편화됐다는 의미다. 인터넷에 '억압repression'이라는 용어를 검색해보면 미국인, 서양 여성, 기독교 신자, 일본인, 아일랜드인과 관련된 결과가 많이 나온다. 성적 억압이라는 개념은 우리 모두에게 친숙하다. 〈초원의 빛Splendor in the Grass〉부터 〈아메리칸 뷰티American Beauty〉에 이르기까지 수많은 할리우드 영화에 반복적으로 등장하는 주제이기도 하다.

억압이라고 하면 성적인 문제하고만 연관해 생각하는 경향이 있다. 20세기에 프로이트의 사상이 성을 중시하면서 오래된 성적 금기를 공격한 영향이 크다. (가설에 따르면) 억압된 기억증후군repressed memory syndrome은 다양한 유형의 트라우마로 인해 생길 수 있는데 대부분은 어린 시절 겪는 성적 학대를 떠올린다.

그러나 억압은 이보다 훨씬 더 넓은 경험을 아우른다. 분노건 죄책감이건 비통함이건 용납할 수 없거나 고통스러운 감정은 거의 다 우리가 의식하지 못하게 억눌려 있을지도 모른다. 억압은 프로이트가 확인한 첫 방어기제였다. 프로이트는 심리학자의 길을 걷기 시작한 초기에 최면요법을 그만두고 나서 용납할 수 없는 충동이나 생각을 의식에서 밀어냄으로써 우리가 자각하지 못하게 막는 어떤 정신적 힘이 있다는 걸 발견했다.

〈억압Repression〉이라는 논문에서 프로이트는 그 개념을 간단하게 설명한다. "억압의 본질은 그저 뭔가를 의식에서 쫓아내 먼 곳에 붙들어두는 데 있다."• 그 대상이 용납할 수 없는 감정이나 충동이 될 수도 있고 인정하고 싶지 않은 현실에 대한 자각일 수도 있다. 프로이트는 억압의 동기를 갈등(이를테면, 성적 충동과 도덕성 간의 갈등) 회피로 생각했지만, 1장에서 언급한 도널드 멜처의 설명, 즉 억압을 비롯한 모든 방어기제는 본질적으로 고통을 피하기 위해 스스로에게 하는 거짓말이라는 표현이 더 적절하다.

그렇기에 뭔가를 억압한다면, 즉 의식에서 멀리 떨어뜨려놓는다

• Sigmund Freud, *S. E.,* 14, p. 147.

면 그건 이런저런 종류의 고통을 피하려고 애쓰고 있기 때문이다.

초기에 프로이트는 방어와 억압이라는 단어를 거의 동의어처럼 사용했다. 가끔은 억압을 별개의 한 방어기제로 언급하고 또 어떤 때는 모든 방어기제의 바탕에 깔려 있는 근본 원칙처럼 이야기한다. 무의식 영역에 들어왔다면 그게 뭐든 의식으로부터 억압된 것이 틀림없다. 이 장의 또 다른 주제인 부정denial은 그 자체로 하나의 주된 방어기제지만 억압의 작용에 영향을 받기도 한다.

프로이트는 억압이 한 번으로 끝나지 않는다는 사실을 분명히 했다. 억압은 하나의 과정으로서, 억압된 것이 의식으로 돌아가지 못하게 막으려면 정신 에너지를 끊임없이 쏟아부어야 한다. 다시 말해, 억압된 감정이 지하 감옥에서 풀려나지 못하도록 가둬두는 전략이 계속해서 가동되고 있다는 뜻이다. 뭔가를 계속 억압해두려고 평소보다 더 많은 정신 에너지를 쓰고 있다고 인지하는 법을 배우면 언제 방어기제가 가동하는지 파악할 수 있다. 이 주제에 대해서는 3부에서 깊이 있게 다룰 것이다.

정신역동 심리치료를 행하거나 받은 적이 있는 사람은 대부분 억압을 피할 수 없는 현실로 받아들이지만, 다른 분야의 과학자와 정신건강 전문가 중 일부는 그 존재를 인정하지 않기도 한다. 대부분의 자기계발서는 억압이나 무의식을 전혀 언급하지 않는다. 문제가 되는 행동과 사고방식을 버리고 새로운 인지행동 기법을 익히고 긍정적인 자기암시를 되풀이하면 심리적으로 성장할 수 있다고 말한다.

내 생각은 다르다. 억압이 어떻게 작동하는지 이해하지 못하면 자신이 회피하고 있는 고통과 마주할 수 없고 진정한 성장을 이룰 수도 없다. 설령 문제가 되는 행동이나 사고방식을 고쳤다 해도 억압되어 있는 것을 계속 저지하기 위해 또 잘못된 전략을 세울 가능성이 크다. 프로이트는 무의식에 있는 건 영원히 사라지지 않는다고 늘 주장했다. 당신이 아버지에게 얼마나 분노하고 있는지 의식하지 못한다고 해서 그 분노가 사라진 건 아니다. 분노는 계속해서 어김없이 그 존재감을 드러낼 것이다. 아버지에게 농담하듯 빈정거리거나 비꼬는 등 은밀한 방식으로 말이다.

무의식적인 적대감과 수동적인 공격

내담자인 올리비아는 인상이 아주 좋았다. 옷도 잘 입고 깐깐하다 싶을 정도로 예의 바르고 세심하게 남을 배려했다. 올리비아는 전반적 불안감을 치료하고 싶어서 나를 찾아왔다. 결혼생활에는 아무런 문제가 없어 보였지만, 상담 횟수가 늘어날수록 올리비아와 남편 댄 사이의 감정적 거리가 점점 더 선명하게 보였다. 댄이 아내에게 품고 있는 불만이 뭐든 그가 빈번히 지적하는 문제는 딱 한 가지였다. 올리비아가 늘 물건을 떨어뜨려서 망가뜨린다는 것이었다.

상담을 통해 마침내 진실이 드러났다. 올리비아의 내면에는 무의식적인 분노가 잔뜩 쌓여 있었다. 그 분노 대부분은 어린 시절의 잔재였다. 퇴역 육군 장교로서 아주 권위적이었던 아버지는 어떤 반대 의견이나 분노 표출도 허락하지 않았고, 알코올 중독자인 어머니는 정서적 피난처가 돼주지 못했다. 결혼생활을 하면서 올리비아는 (이유가 있건 없건) 무의식적으로 남편에게 큰 분노를 느꼈지만, 어린 시절 그런 감정을 받아들이는 방법을 배우지 못했기에 그저 억누르고만 있었다. 시간이 지나면서 우리는 올리비아가 물건을 망가트리는 행위를 통해 격렬한 분노를 무의식적으로 표출하고 있음을 이해하게 됐다. 올리비아는 분노를 받아들이는 방법에 대해 조금씩 천천히 배워나가야 했다.

적대감을 억압하는 사람은 대개 자신도 인지하지 못하는 은밀하고 간접적인 방식으로 감정을 표출할 때가 많다. (임상적인 진단명이 아니라 우리 모두가 이해하는 일상적인 의미로) 수동공격성 행동passive-aggressive behavior은 이 역학을 정확히 포착해준다. 분노를 직접 표출하거나 공격적으로 행동하는 대신, 중요한 일을 계속 미루거나 투덜거리면서 고집스럽게 협조를 거부하거나 또는 그냥 그 일을 잊어버린다. 예를 들어 수동공격성 행동을 보이는 사람의 배우자 등 다른 사람들은 믿기 어렵겠지만, 이들 중 다수는 자신이 분노하고 있다는 사실을 전혀 인식하지 못한다. 자신의 적대감을 의식하지 않으려고 억눌러놓고는 은밀히 표출할 다른 방법을 찾는다.

억압과 저항

프로이트는 환자들의 저항을 경험하면서 억압을 이해하게 됐다. 아주 초기에 그는 외상기억traumatic memory을 되찾기만 해도 치료 효과를 볼 수 있다고 믿었지만, 환자들은 그 기억을 되찾고 싶지 않다면서 반대했다. 프로이트는 외상기억이 의식에 들어오지 못하게 막는 어떤 심리적 힘이 있을 거라는 결론을 내렸다. 정신적 외상을 기억하지 않으려는 내담자들의 저항은 그들이 고통을 억압하고 있음을 의미했다.

매일 내담자들의 저항에 부딪칠 때마다 나는 억압이 작동 중이라는 걸 깨닫는다. 이따금 내담자들이 마주하고 있는 고통, 감당하지 못하는 수치심이 명확히 보일 때가 있다. 그래서 그들 자신도 볼 수 있도록 최대한 공감대를 형성하며 세심하게 도와주려고 해도 많은 이들이 그런 감정을 느끼지 않는다며 우긴다. 또는 동감하는 척한 다음에 화제를 바꾸기도 한다. 내가 완전히 틀렸다고 말하는 사람들도 있다. (물론 내가 틀릴 때도 있다!)

더 심각한 경우, 억압된 감정에 내가 너무 가까이 다가가면 치료를 아예 그만두기도 한다. 어린 시절에 정신적·성적 학대를 받아 극심한 감정적 고통에 시달리고 있는 한 여성 내담자가 그랬다. 상담 시간에 그는 말 이외의 신호를 통해 내게 자신의 고통을 전했지만, 정작 그 자신은 그 감정을 인식하지 못하는 것 같았다. 나는 그가 괴로울 만하다며 그의 관심을 그 고통으로 이끌어보려고 몇 차례나 시도했다. 그러자 그는 마지못해 내 의견에 동감했다.

그 후 몇 주 동안 그 여성은 다음 날 회의가 있어서 거기에 집중하고 싶다며 상담을 취소했다. 상담을 세 번 더 받은 뒤에는 치료를 완전히 그만뒀다. 물론 다른 이유 때문일 수도 있다. 어떤 설명도 없이 끝내버렸으니 정확한 이유는 알 수 없다. 하지만 내가 보기엔 억압의 끈질긴 위력, 그리고 내가 거기에 도전하려고 할 때 내담자들에게서 자주 일어나는 저항 때문인 것 같았다.

지금쯤 당신도 약간의 저항을 느끼고 있을지 모르겠다. 억압이 진짜 존재하기나 하는 건가? 그게 그렇게 중요한 거야? 치료를 그만 둔 그 내담자가 현명한 선택을 한 거 아닐까? 나도 이 책을 내려놓고 그만둬버릴까?

그래도 마음을 열고 계속 읽어주길 바란다.

부정

억압과 마찬가지로 부정이라는 개념도 요즘 많이 언급된다. 누군가 부정 상태에 있다고 하면 그 의미를 모르는 사람은 거의 없다. 텔레비전 방송과 할리우드 영화에도 자주 등장한다. 이제는 너무 흔해져서 사소하고 심지어는 따분하게 느껴지지만, 부정은 인간 심리에 강력한 힘을 발휘한다.

부정이 임상적으로 얼마나 중요한지에 관해서는 의견이 서로 다를 수 있지만 거의 모든 심리치료사가 부정의 존재는 인정한다. 엘리자베스 퀴블러 로스Elizabeth Kübler-Ross는 슬픔의 다섯 단계를 대중화하면서 슬픔의 첫 단계로 부정을 언급함으로써 대중적 인지도를 높였고, 널리 보급된 중독 치료 12단계 프로그램도 사람들의 머릿속에 부정의 개념을 각인하는 데 한몫했다. 중독에서 벗어나기 위한 첫걸음은 자신이 중독자라는 사실을 부정하지 않고 인정하는 것이다.

누구나 살면서 한 번쯤은 "너 지금 부정하고 있어"라는 말을 하거나 들어본 적이 있을 것이다. 부정의 대상은 대개 어떤 사실이다. "넌 그 사실을 부정하지만, 네가 아니라 제인이 승진할 거야." "그 남자는 절대 자기 아내를 떠나지 않을 거야. 넌 현실을 부정하고 있어." 그 개념은 단순하다. 어떤 사실이 우리의 소망이나 믿음과 모순돼 용납할 수 없기 때문에 우리는 그게 진실임을 부정한다.

부정의 대상이 감정일 수도 있다. 특히 그 감정을 용납하지 않는 문화적 분위기나 가정에서 성장한 사람은 그 존재를 스스로에게마저 숨긴다. "네가 내 생일을 이번에도 까먹었지만 난 화나지 않았어." "아니, 난 에밀리가 하나도 안 부러워. 뭐가 부러워?" 내담자인 올리비아는 내가 그의 무의식적인 분노를 일깨우려 처음 시도했을 때, 내가 틀렸다며 한동안은 부정만 했다.

고전적인 프로이트 이론에서 부정(그리고 그 밖의 방어기제)의 원인은 갈등이다. 우리는 자신의 바람과 충돌하는 사실, 자신의 가치관과 모순되는 감정을 부정한다. 내 친한 친구는 10대 후반과 20대 초반까지만 해도 자신이 커밍아웃하는 일은 인생에서 절대로 일어나지 않으리라고 생각했다. 어린 시절 받았던 종교 교육과 동성애에 부정적인 사회 분위기에 어긋나기 때문에 그는 자신의 성 정체성을 부정했다.

그 친구는 자신이 동성애자일지도 모른다는 생각에 고통스러워했다. 성 정체성과 종교적 가치관 사이의 갈등이 그에게 고통을 불러일으켰다. 올리비아에게(누구에게나 그렇겠지만) 분노는 고통스러운 경험이었다. 자신의 분노와 그런 감정을 나쁜 것으로 간주하는 가족 가치관 사이의 갈등이 그에게 고통을 불러일으켰다.

인식의 부정

부정이라는 방어기제를 사용함으로써 우리는 뭔가를 인지하기를 거부하고, 인식을 쪼갠 다음 그중 한 부분을 부인한다. 이렇게 말하면 꼭 의식적인 결정 같지만 모든 방어기제는 인식 밖에서 무의식적으로 일어난다. 의식한다면 방어기제는 아무런 효과가 없을 것이다.

많은 사람들이 알고 있는 사례를 하나 살펴보자. 영화 〈제2의 연인Heartburn〉에서 레이철 샘스탯은 어느 날 미용실에 간다. 남편이 외도하고 있다는 명백한 징후를 알아채지 못하는 다른 여자에 대해 미용사가 이야기하는데 레이철은 갑자기 찾아온 오싹한 깨달음에 숨이 턱 막힌다. 남편 마크가 바람피우고 있다는 낌새를 알아차리고 있으면서도 레이철은 자기 자신과 다른 사람들에게 결혼생활이 행복하다고 우기고 있었다. 미용사의 이야기를 듣자 방어기제가 무너져 내리면서, 그동안 피하려 애써왔던 고통스러운 진실을 갑자기 의식하게 된 것이다.

심리치료와
일상생활에서의 부정

심리치료사가 내담자들의 부정을 해결하는 방식은 다양하다. 인지행동 치료사는 부정에 직접 맞서지 않으면서도 좀 더 효과적인 대처행동을 가르쳐준다. 정신역동 심리치료사라면 내담자가 특정 사실을 의식하지 않기 위해 어떤 방법을 사용하는지 지켜볼 것이다. 예를 들어, 나는 내담자에게 이렇게 말한다. "본인은 어머니의 죽음을 받아들이고 있다고 계속 말하지만, 내가 보기에는 아직도 어머니가 그립다는 사실을 견디지 못하는 것 같아요."

억압이나 부정은 일회성 사건이 아니다. 억압되거나 부정된 감정은 언제나 탈출하기를 원하고, 따라서 불안정한 상태이기 때문에 현상을 유지하려면 끊임없이 공을 들여야 한다. 정반대되는 감정을 반복적으로 드러내는 것도 그중 한 가지 방법이다. 사실은 그렇지 않으면서도 어머니의 죽음을 받아들였다고 주장하는 내담자처럼 말이다. 이런 반복은 생각 속에서만 일어날 수도 있다. 자기는 동성애자가 아니라고 스스로에게 계속 말했던 내 친구처럼. 아니면 〈제2의 연인〉에서 결혼생활이 정말 행복하다고 자주 말하는 레이철 샘스탯처럼 자신이 희망하는 바를 남들에게 계속 주지시키는 사람도 있다. 400년도 더 전에 셰익스피어는 이 역학을 솜씨 좋게 포착해냈고, 그 대사는 지금까지도 공감을 얻고 있다. "저 여자가 정절의 맹세를 너무 요란하게 떠드는 걸 보니 믿음이 안 가는구나"(《햄릿Hamlet》 3막 2장).

다른 방어기제와 마찬가지로 부정에도 정상적이고 유용한 기능이 있다. 예를 들어, 자기가 언젠가는 죽을 거라는 사실을 부정하는 사람들이 많다. 솔직히 말하면 나도 그런 편이다. 적어도 늘 죽음을 생각하지는 않는다. 죽음이 기다리고 있다고 생각하면 목표를 이루기 위해 노력하면서 일상을 살아가기가 어렵다. '결국 내 몸이 망가지고 죽을 거라면 오늘 운동하러 갈 이유가 없잖아?' 견딜 수 없는 상실을 겪을 때 가끔은 일시적인 부정이 도움이 되기도 한다. 사람들은 한꺼번에 닥쳐오는 고통에 짓눌리지 않기 위해 깊디깊은 슬픔을 부정한다. 이럴 때는 시간을 두고 조금씩 조금씩 상실을 자각해나가는 편이 좋다.

지금 가동 중인 방어기제는?

2부에서는 주요 세 가지 심리문제(욕구와 의존성, 강렬한 감정, 자존감)에 대처하기 위해 특정 방어기제를 사용하는 일반적인 방식에 관해 이야기할 것이다. 각 기제를 대략 살펴본 다음, 그것이 어떻게 드러나는지 설명하고자 한다. 욕구와 의존성을 의식하지 않으려고 억압하면 개인의 성격에 어떤 영향이 미치는지, 분노를 부정할 때 사람들이 어떤 말과 행동을 하는지 알게 될 것이다. 2부의 각 장은 똑같은 방식으로 구성돼 있다. 1부에서 자신에 대해 알게 된 사실을 이용해서 자신의 행동과 생각, 감정을 들여다보고 방어기제가 가동 중이라는 신호를 찾을 수 있을 것이다.

그 과정에서 2장의 연습에 나왔던 여섯 그룹의 진술문이 계속 언급될 것이다. 자신이 어떤 그룹에 해당하는지 명확하지 않다면 지금 앞으로 돌아가서 다시 훑어보기 바란다. 다른 방어기제에 관한 설명으로 넘어갈 때 또 돌아가보는 것도 좋다.

한 가지 명심할 사실이 있다. 이 진술문 중에 자신에게 해당하는 사항이 많다고 해서 심각한 문제가 있는 건 아니다. 누구나 살아가면서 방어기제에 의존하며 그게 정신질환은 아니다. 정상적인 일이다. 방어기제에 지나치게 기댈 때에만 문제가 된다. 어떤 심리적 방어기제를 사용함으로써 큰 피해를 입고 있다면 그때는 관심을 기울여야 한다.

욕구와 의존성

자신의 욕구와 그 욕구를 충족하려면 다른 사람에게 의존해야 한다는 사실을 잘 받아들이지 못하는 사람이 많다. 태어나서 처음 남에게 의존했던 경험이 트라우마가 됐거나 극도로 불안정했기 때문일 것이다. 그 결과 욕구가 의식으로 올라오는 것을 억압하고 필요한 것을 스스로 얻어내는 아주 독립적인 사람이 된다. 어떤 욕구나 욕망을 느낀다는 사실을 부정한다.

욕구를 입 밖에 내지 않고 스스로 알아서 하면 가족 대부분은 칭찬한다. 그런 가족의 일원은 자신의 욕구를 부정하는 법을 배우고 무슨 일에든 의욕이 넘친다. 욕구를 의식으로부터 억누르면 장기적 목표를 추구하는 데에는 도움이 된다. 하지만 극단적으로 억압해서 자신에게 필요한 것들을 완전히 끊어버렸다가는 몸도 마음도 약해질 수 있다. 다른 사람이 필요하고 그들에게 의존해야 한다는 사실을 부정하면 그들을 과소평가하게 되고, 결국 인간관계가 망가질 것이다.

2장의 그룹 1에 가장 공감하는 사람이라면 욕구를 의식하지 않기 위해 억압이라는 기제에 의존하고 있을 가능성이 크다. 친구들이나 가족에게 감정적으로나 재정적으로 도움을 주기만 하고 받지는 않는다면, 자기 자신의 결핍을 부정하고 있는 건지도 모른다. 늘 주변 사람들이 내게 많은 걸 요구하는 것처럼 보인다면 주의를 기울여야 한다. 특히 너무 매달리는 사람들이 못마땅하게 여겨진다면 더더욱 그래야 한다.

앞서 말했듯 어떤 욕구를 억압하거나 부정한다고 해서 그게 완전히 사라지는 것은 아니다. 다만 우리가 그것을 의식하지 못하게 될 뿐이다. 그 무의식적인 욕구는 은밀한 방식으로 계속 표출된다. 다른 사람들과 어울릴 시간이 없는 일 중독자는 치료가 필요한 증상이 몸에 나타나기도 한다. 다른 사람의 도움이 필요하다는 의식을 억누르는 이들은 음식, 알코올, 약물에 자주 의존한다. 중독에 쉽게 빠지는 사람들은 못미더운 인간관계보다 자신이 구매할 수 있고 이론상으로는 통제 가능한 물질을 선호하는 경향이 있다.

음식이나 약물 관련 문제가 있다면 타인과 연관된 욕구를 억압하거나 부정하고 있을지 모른다. 섹스에 거의 또는 전혀 관심이 없다면 성욕을 억압하고 있는 게 거의 확실하다. 마찬가지로 포르노물에 집착하고 있다면, 특히 애인이나 배우자가 있는데도 그렇다면, 성욕을 채우려면 다른 사람이 필요하고 그에게 의존해야 한다는 사실을 부정하고 있는 것이다. 다른 사람에게 가까이 다가가기가 힘들다면 자신의 결핍감을 받아들이지 못해서 그럴 수도 있다. 결론적으로 친구나 친밀한 관계나 섹스가 필요 없다고 스스로에게 말하는 사람은 자신의 욕구를 부정하고 있는 것이다.

강렬한 감정

강렬한 감정에 대처하기 위해 억압이나 부정에 의존하는 사람은 그런 감정을 의식에서 몰아내고는, 자기 자신이 아주 차분하고 흔들림 없는 인간이라고 생각한다. 기분이 축 처지는 일도 아주 신나는 일도 없이 늘 안정된 상태에 머문다. 감정을 억압하는 사람은 한두 개가 아닌 모든 범위의 감정을 억누르는 경향이 있다.

인생이 밋밋하게 느껴지거나 자주 따분해지면(그룹 3에 가장 공감이 간다면), 아마도 억압이 가동 중일 것이다. 감정이 끼어들 자리 없이 아주 논리적인 태도로 인생에 접근하고 있다면 이렇게 자문해 보자. 내 감정은 전부 어디로 갔을까? 감정은 모든 대인관계의 생명선이기 때문에 친구든 동료든 연인이든 타인을 제대로 이해하지 못해 소외감을 느낄 것이다.

사람들이 부정하는 가장 흔한 감정 중 하나는 분노다. 3장에서 이야기했듯 불만, 분노, 격분 그리고 때때로 증오는 인간 감정의 풍경에서 빠질 수 없는 요소로 인간관계에서 한 번쯤은 발생하기 마련이다. 절대로 화내지 않는 사람이라면 분노의 감정을 부정하고 있을지도 모른다. 객관적으로 봤을 때 화낼 만한 정당한 이유가 있는 경우라면 더더욱 그렇다. 해결해야 한다는 걸 알면서도 계속 회피하는 어떤 상황이 있다면(예를 들어 누군가가 나를 이용했거나 실망시켰을 경우), 자신의 분노가 두려워 계속 부정하는 상태일지도 모른다.

내 경험상 대부분의 가족은 분노 표출을 막는다. 폭력적인 형태로 나타나면 아주 파괴적인 감정일 수 있지만, 화낼 만한 충분한 이유가 있다면 분노에도 나름의 가치가 있다. 예를 들어 친구나 동료에게 부당한 대우를 받았다거나 누군가가 고의로 우리를 해치려 한다면? 분노는 파멸적인 관계에서 벗어나 인생에 필요한 변화를 만들도록 동기를 부여해주기도 한다. 또 가정에서, 일터에서, 또는 더 큰 사회에서 불의에 맞서 싸울 수 있게 도와준다.

사람들은 상실에 따른 깊은 슬픔 또한 자주 억압한다. 우리 문화는 너무 오랫동안 슬픔에 젖어 있는 걸 권하지 않는다. 많은 사람들이 눈물을 나약함의 증거로 생각한다. 실연하거나 친구를 잃고 나서 금방 털고 일어나는 사람은 비통함과 슬픔을 억압하고 있을지도 모른다. "이미 엎어진 물인데 우는소리 해봐야 무슨 소용이야?"라고 말하고 다니는 사람은 상실감을 부정하는 경향이 있다.

자존감

감정적으로 손상을 입고 자신의 존재 자체에 원초적인 수치심을 느끼는 건 너무나 고통스럽기 때문에 우리는 그 경험을 의식하지 않기 위해 억압이나 부정을 사용한다. 진정한 자존감을 기르는 대신, 자기 자신과 인생이 지극히 정상적이고 우월해 보이게 만드는 데 집중한다. 자기가 잘 지내고 있고 부족한 게 하나도 없다고 다른 사람들에게 확인시켜주고 싶어서 겉모습에 집착하고 있다면, 그리고 그룹 5에 가장 공감이 간다면, 억압이라는 방어기제를 발동해 수치심을 무의식으로 밀어 넣고 있을지도 모른다.

자신에게 결함이 있다는 느낌을 부정하는 사람은 의식적으로 우월감을 키워 자신의 우월성을 뽐내고 다른 사람들의 감탄을 요구한다. 다른 사람들이 자기보다 못하다고 여기고 그들을 경멸한다. 그래서 누구와도 가까운 관계를 지속하기 어렵다. 수치심을 억압한 뒤 수치심을 불러일으킬지도 모르는 모든 것에 위협을 느끼기 때문에 자신의 실수를 인정하지 못하고 남 탓을 자주 한다. 그러다 보면 인간관계에 깊은 골이 생기고 상대방은 깊은 관계 맺기를 꺼릴 것이다. 그 결과, 친구나 동료나 사랑하는 이들과 감정적으로 멀어질 수밖에 없다.

나르시시즘, 경멸, 남 탓하기는 그 자체로도 심리적 방어기제다. 이에 대해서는 11장에서 자세히 이야기할 것이다.

연습

그룹 2, 4, 6에 가장 공감한 사람이라면, 억압과 부정이 가장 강한 방어기제일 확률은 그리 높지 않다. 그래서 이 연습에는 큰 흥미를 못 느낄 수도 있다. 그래도 이어지는 이후의 연습에 대비해서 방법을 미리 숙지할 수 있는 기회라 생각하고 최선을 다해주기 바란다.

1. 억압과 부정이 자신의 심리에 과도하게 작용하고 있는지 파악하기 위해 다음 설명 중 자신에게 해당하는 것이 얼마나 되는지 살펴보라.

- 큰 상실(친구와의 절교나 실연)을 겪었는데 별다른 느낌이 없었다.
- 모욕적이고 불쾌한 일을 당했는데 감정적으로 대응하지 않았다.
- 드디어 목표를 달성했는데 기대했던 것만큼 흡족한 기분이 들지 않았다.
- 생활 속에서 이런저런 사건이 일어날 때 대부분의 사람들보다 내가 약하게 반응하는 것 같다.

강렬한 감정을 유독 두려워하는 사람은 특정한 한 감정을 부정하고 있을지도 모르지만, 보통은 모든 범위의 감정을 억압하는 경향이 있다. 직업이나 인간관계에 감정적인 거리를 두면서 충실히 살고 있지 않은 느낌이 가끔 든다면 강한 억압이 가동 중일 가능성이 크다.

2. 1번의 내용에 공감했다면, 보통의 일상과 완전히 동떨어지고 익숙하지 않은 활동에 참여해보라. 새로운 클럽에 가서 평소에 듣지 않는 음악을 듣는다거나 인라인스케이트를 탄다거나 모르는 곳으로 드라이브를 하고 낯선 거리를 걷는다거나(물론 위험한 곳은 피해야 한다) 모르는 사람에게 말을 걸어본다.

- 일상의 틀에서 벗어나는 데 반감이 일어났는가?
- 그 경험이 어떤 감정을 불러일으켰는가?
- 그런 감정을 없애거나 줄이려고 애썼는가? 어떤 방법으로?
- 그 경험이 고통스러웠는가?

강한 감정을 피하기 위해 억압과 부정에 크게 의존하는 사람은 생활 속에서 그런 감정을 불러일으킬 만한 상황을 피하며 판에 박힌 좁은 일상에서 벗어나지 않는다. 새로운 경험에 도전할 때 저항감을 느낀다.

3. 과거에 애인, 동료, 친구와의 관계가 어땠는지 되돌아보자. 당신이 상대에게 의지하는 것보다 상대가 당신에게 더 많이 의지하는 패턴이 있었나? 그렇다면 당신은 자신의 욕구를 부정하고 있을지도 모른다.

4. 3번에 공감했다면, 친구, 동료, 가족에게 도움을 청하는 연습을 해보자. 사소한 일이어도 상관없지만 부탁할 때 꼭 "네 도움이 필요해"라는 말을 해야 한다. 속에서 피어오르는 저항감과 어떻게든 부탁을 피하려고 지어낼 모든 핑계와 맞서 싸워야 할지도 모른다. 부탁하는 순간 어떤 감정이 느껴지는지 주의 깊게 관찰해야 한다. 불편한 느낌이 강하게 든다면 그만큼 강하게 자신의 욕구를 억압하고 있다는 의미다.

5. 3장의 연습에서 수치심이나 굴욕을 느낀 경험에 대해 물어봤다. 생각나는 사례가 있었는가? 단 한 가지도 생각나지 않았다면, 강력한 억압이 작동 중일지도 모른다. 누구나 한 번쯤은 수치심을 느끼기 마련이다.

6. 자신의 행동과 사람들에게 들었던 말을 주의 깊게 되돌아보자.

- 친구, 동료, 가족이 당신의 흠을 잡으면 발끈해서 방어적인 태도를 취하는가?
- 실수를 책임지지 않고 남을 탓하는 경향이 있다는 소리를 들어본 적이 있는가?
- 친구들과 가족에게 "넌 안 좋은 소리를 못 참는다"라는 말을 들어본 적이 있는가?
- 다른 사람들, 특히 정서적으로 문제가 있어 보이는 사람들에게 우월감이나 경멸을 느끼는가?

위의 질문에 한 번이라도 '그렇다'라고 답했다면, 수치심과 씨름하고 있으면서도 그 감정을 억압하고 있을 가능성이 크다.

다음 단계

이 연습은 억압과 부정이 우리 생활에 어떤 영향을 끼치는지 인지하게끔 돕기 위한 것이었다. 누구나 어느 정도는 억압과 부정에 의지한다. 그러나 그 정도가 지나치면 감정이 위축돼 깊은 인간관계를 맺기 어려워진다. 연습하는 동안 자신이 사용하는 방어기제의 이면을 얼핏 엿볼 수 있었을 것이다.

그리고 2부에서 계속 사용될 한 가지 전략을 소개했다. 연습 2와 연습 4에서처럼, 나는 당신에게 자신의 안전지대에서 벗어나 방어기제를 드러내고 거기에 도전하도록 요구할 것이다. 13장에서 자세히 얘기하겠지만, 자연스럽고 가장 쉽게 접하는 일이 아닌 다른 뭔가를 하고자 선택할 때에 비로소 진정한 정신적 성장을 이룰 수 있다. 방어기제는 우리 정신에 붙박이처럼 장착된 버릇과도 같다. 성장하려면 그 버릇에서 탈피해 내키지 않는 일을 해야 한다.

마지막 3부에서 이 성장 전략을 집중적으로 다루겠지만 2부에서도 현재의 정신상태에 도전하는 방법을 계속 제안할 것이다.

5장

전치와 반동형성 : 엉뚱한 곳으로 화살을 돌릴 때

나한테 화풀이하지 마!

—누구나 한 번쯤은 하는 말

전치

"나한테 화풀이하지 마!" 이런 말을 다른 사람에게 하거나 들은 적이 있는가? 이 말은 전치displacement의 과정을 정확히 설명해준다. 어떤 감정이 생겼다고 가정해보자. 예를 들어, 직장에서 상관이 내게 고함을 질러서 화가 난다. 하지만 직장을 잃을지도 모른다는 두려움 때문에 차마 상관에게 분노를 표출하지 못하고 아무런 상관도 없는 다른 사람에게 화를 낸다. 그러면 그 사람은 부당한 대우를 받았다고 느끼고 문제를 인지하고는 자신을 희생양으로 삼지 말라고 말한다.

"나한테 화풀이하지 말아요!"

분노를 의식하면서도 그 감정의 진원지가 아닌 애꿎은 곳으로 분노의 화살을 쏘는 것이 바로 전치다. 부정과 달리 이 방어기제는 그리 강력하지 않다. 전치의 경우 진실은 비교적 쉽게 드러난다. 사랑하는 이에게 나쁜 기분을 쏟아내지 말라는 말을 들으면 대부분은 자기가 무슨 행동을 했는지 인지하고는 사과한다. 누구나 한 번쯤은 이런 경험을 했을 것이다.

전치의 유용성

수년 동안 여러 내담자에게서 반복적으로 들었던 다른 종류의 전치도 있다. 이 유형의 전치는 의식에서 훨씬 더 멀리 떨어져 있기 때문에 방어기제로서 더 큰 위력을 발휘한다. 또, 어떤 상황에서는 정서적으로 대처하는 데 도움이 되기 때문에 방어기제의 긍정적인 면을 보여주기도 한다. 대략적인 이야기를 풀어보면 이렇다.

한밤중에 갓난아기가 배고파서 우는 소리에 어머니가 잠에서 깨어 침대 밖으로 나간다. 흔들의자에 앉아 아기에게 젖을 먹이면서 어머니는 아이와 행복한 교감을 나누며 이전에 경험해보지 못한 모성애의 위력에 놀란다. 살면서 지금보다 더 행복하거나 더 흡족했던 적은 없었던 것 같다. 허기를 채운 아기는 드디어 다시 잠들고 어머니는 아기를 침대에 눕힌 다음 침실로 돌아간다.

침대에서 정신없이 잠들어 있는 남편을 본 아내는 처음에는 아기와의 멋진 교감을 놓친 남편이 조금 안됐다는 생각이 든다. 하지만 쉽사리 다시 잠들지 못하면 조금씩 분한 마음이 들기 시작한다. 아기가 또 울어서 다시 한 번 무거운 몸을 끌고 침대에서 나가야 하면 남편을 향한 감정이 바뀌기 시작한다.

'나처럼 한밤중에 안 깨도 되니까 좋겠네. 자기는 푹 쉬고 내일 개운하게 일어나겠지만 난 피곤에 절어서 하루 종일 무거운 몸을 질질 끌고 다니겠지. 정말 불공평하잖아. 아기한테 젖 먹이는 부담을 전적으로 엄마만 져야 하다니! 지금 당장 남편을 깨워서 한밤중에 깨는 기분이 어떤지 알려주고 싶어.'

분하고 억울한 마음에 아내는 다시 잠들지 못한다.

그 생각이 사실 그렇게 강렬한 분노의 이유는 되지 못한다. 어떤 산모들은 한밤중에 아기가 울면 남편에게 젖병을 물리라고 부탁하지만, 그런다고 해서 분노가 줄어들지는 않는다. 육아를 좀 더 대등하게 나눠서 하는 부부들마저 자기가 배우자보다 더 고생하고 있다고 느끼며 속으로 억울해하고 있을지도 모른다. 나는 내담자들의 사연뿐만 아니라 내 친구들이 부모가 됐을 때 어떤 일을 겪었는지도 들었다. 내게도 세 아이가 있다. 내가 보기에 가끔 서로에게 화내고 원망하는 건 육아의 일부 같다.

그렇다면 여기서 무슨 일이 벌어지고 있는 걸까? 어머니들은(그리고 젖병을 물려주는 아버지들도) 밤중에 깨어나 잠도 못 자고 아기를 돌봐야 하는 처지를 분하게 여긴다. 그들 자신은 깨닫지 못하고 있고 또 누군가가 그런 암시를 줘도 부정하겠지만, 육아 때문에 많은 것을 잃어야 하기에 화가 난다. 아기를 위해 잠과 그 밖의 개인적인 욕구를 희생하는 것은 참으로 힘겨운 일이다. 합리적이지도 공평하지도 않은 감정이지만 그들은 아이를 원망한다. 이 분노에 대비해 마음의 준비를 할 수 있도록 돕는 문화적 메시지도 육아 서적도 없다. 오히려 육아를 온갖 감상적인 표현으로 묘사해놓은 글은 부모가 아기에게 사랑만을 느껴야 하고 아기를 미워하는 사람들은 아동학대범 같은 아주 나쁜 사람들이라는 암시를 담고 있다.

내 경험에 비춰보면, 갓난아이를 키울 때 어느 정도의 분노나 원망은 피할 수 없다. 육아란 엄청난 책임이 따르는 일이다. 육아에 몰두하는 동안 개인적 자유를 누릴 시간은 크게 줄어든다. 오랫동안 기다려서 아기를 얻었대도 매일 이어지는 수면 부족은 괴로울 수밖에 없다. 그 수면 부족의 실제 원인은 아기지만, 어머니들은 아기 대신에 남편을 원망한다. 전치의 완벽한 예다. 어떤 한 사람 때문에 생긴 감정을 그 사람에게 풀면 안 될 것 같아서 또는 위험할 것 같아서 대신 다른 사람에게 화살을 돌리는 것이다.

아기보다는 아버지가 본인에게 향하는 분노에 훨씬 더 뛰어나게 대처할 수 있다. 억울하다고 느끼긴 하겠지만 말이다. 아내가 아기에게 풀 수 없고 그래서도 안 되는 분노를 받아들이는 것이 아버지의 중요한 역할인데 간과되고 있는 것 같다. 전치라는 방어기제를 사용하여 어머니는 강력한 감정을 아기보다 훨씬 잘 대처할 수 있는 사람에게 돌린다.

전치는 어떻게 인간관계를 망가뜨리는가

전치를 유익하게 사용하지 않으면 인간관계를 망칠 수도 있다. 갓난 아이의 아버지는 어느새 아기에게 밀려난 자신의 처지를 깨닫고, 아내의 관심을 한 몸에 받는 아기에게 질투를 느낀다. 부부의 성생활은 한동안 순탄치 못했을 테고 아기가 태어난 뒤로는 완전히 끊어졌을지도 모른다. 아버지 노릇이 한편으로는 대단히 기쁘면서도 그로 인해 많은 걸 잃어야 하는 상황이 무의식적으로 화나고 원망스러울 것이다. 자신을 방치하는 아내에게 화가 나고 아내의 애정을 한 몸에 받으며 자신의 자리를 빼앗아버린 아기가 원망스럽다.

직장에서는 점점 짜증이 늘어나고 동료들은 그가 그답지 않게 예민하게 군다고 생각한다. 수면 부족(아기와 같이 깨는 사람이 그가 아니더라도) 때문에 상황은 더욱 악화된다. 마감 시간을 못 지키거나 어떤 프로젝트가 기대에 못 미치거나 해서 문제가 생기면 동료에게 분통을 터뜨리고 욕설을 퍼붓기까지 한다. 아내와 아이에게 분노를 표출하면 안 될 것 같으니까 동료들에게 대신 푸는 것이다. 직장 동료들은 그가 자기들에게 화풀이를 하고 있다고 느끼면서도 화의 정확한 성격을 파악하지는 못할 것이다. 이런 행동이 오래 지속되면 동료들과의 관계는 돌이킬 수 없이 망가져버린다.

반동형성

이 방어기제는 용납할 수 없는 감정이나 충동을 그 정반대의 것으로 바꿔놓는다. 언론매체는 극렬한 반反동성애자로 유명한 공화당 정치인이나 보수적인 종교인이 불법적인 동성애 행위를 하다가 발각되는 사건을 반동형성reaction formation의 사례로 자주 언급한다(나중에 설명하겠지만 잘못된 해석이다). 유럽 여행 동안 짐꾼 노릇을 해줄 젊은 남자를 렌트보이닷컴Rentboy.com에서 고용한 심리학자이자 목사인 조지 레커스George Rekers, 안마사와 3년 동안 성관계를 맺은 콜로라도스프링스의 목사 테드 해거드Ted Haggard, 미니애폴리스 공항의 남자 화장실에서 위장 경찰의 발을 건드리며 성적인 구애 행동을 하다가 들킨 전직 아이다호주 상원의원 래리 크레이그Larry Craig 등이 유명한 사례다.

〈닥터 드루Dr. Drew〉(의학박사 드루 핀스키Drew Pinsky가 진행한 미국의 시사 프로그램—옮긴이)에 한 임상심리학자가 출연해 그 사건들을 전형적인 반동형성 사례로 잘못 설명했다. 그들이 사람들 앞에서 동성애에 대해 맹렬한 비판을 쏟은 것은 자신의 일면에 대한 증오를 표출한 것이라고 말이다. 그러나 모든 방어기제가 그렇듯 반동형성은 무의식적인 과정이다. 한 남자가 다른 남자와 성관계를 맺고 싶은 욕구를 의식하면서도 전통적인 결혼의 신성함을 옹호한다면 이런 행동은 위선으로 설명해야 더 정확할 것이다.

반면, 목사나 정치인이 동성애를 공개적으로 비난하고 동성애자들을 박해하면서도 또는 한 젊은 남자가 게이 바에서 나오는 남자들을 폭행하면서도 자기 자신이 그들에게 성적으로 끌리고 있다는 사실을 의식하지 못한다면 반동형성의 진짜 사례가 될 것이다.

담배 끊기와 반동형성

우리에게 좀 더 친숙한 반동형성 사례가 있다. 담배를 끊고 나서 담배 연기를 극도로 싫어하거나 참지 못하는 사람들. 금연을 결심하기 전에는 담뱃잎을 태우는 맛과 냄새가 큰 즐거움이었을 것이다. 습관을 고치려고 마음먹은 초반에는 주변 사람들이 담배를 피울 때마다 그 냄새가 너무 유혹적이어서 고문받는 느낌까지 든다. 몇 달 뒤 완전히 담배를 끊고 나서는 똑같은 냄새가 진저리나도록 싫어진다.

이 경우에는 방어기제가 이롭게 작용한다. 다시 담배를 피우고 싶은 생각이 조금은 들지 몰라도 의식적으로 느끼는 혐오감 때문에 해로운 습관으로 되돌아가는 걸 피할 수 있다. 남들은 짜증이 날 수도 있다. 자기도 예전에 담배를 피웠으면서 왜 똑같은 행동을 하는 다른 사람을 외면하면서까지 요란스럽게 굴까? 이런 강한 반감은 방어기제가 작동 중이라는 명백한 신호다.

반동형성이 성격의 일부가 된다

이미 오래전 오토 페니헬Otto Fenichel은 방어기제로서의 반동형성이 성격으로 흡수되어 광범위한 감정에 대응하는 방어기제 역할을 계속 이어간다는 사실에 주목했다(반면, 부정 같은 방어기제는 보통 한 가지 특정 사실이나 감정에 집중된다).• 위협적일 정도로 강한 성적 충동을 고지식한 태도로 물리치며 내숭을 떠는 사람들이 그 전형적인 예다.

분노와 공격성에 시달리는 사람들이 반동형성을 성격의 한 측면으로 갖고 있는 경우가 많다. 예를 들어, 니콜이라는 젊은 여성은 심한 우울증, 충동적이고 무절제한 약물 사용, 자해 행동 때문에 상담을 받기 시작했다. 특히 니콜은 다른 사람들 눈에 보이게 겉으로 드러나는 팔다리 부분을 면도칼로 긋곤 했다. 니콜은 좋은 사람이 되고 싶다는 말을 자주 했고 자신을 아주 인정 많은 사람으로 생각했다. 동물보호소에서 일했던 경험으로 동물에 대한 사랑을 열정적으로 이야기하기도 했다.

상담 초기에 니콜은 초등학교 시절에 겪은 일을 들려줬다. 다른 학생들이 운동장에서 다친 새 한 마리를 발견했다. 그들은 나뭇가지로 새를 쿡쿡 찌르면서 온갖 방법으로 괴롭히기 시작했다. 니콜은 아

• Otto Fenichel. *The Psychoanalytic Theory of Neuroses* (New York: Norton, 1945), p. 151.

이들에게 그만두라고 빌면서 새를 구하려고 애썼다. 그로부터 수년이 지났지만 니콜은 이 이야기를 하면서 눈물을 흘렸다. 사람들이 어쩜 그렇게 비정하고 잔인할 수 있는지 이해가 안 된다고 했다. 아이들이 나뭇가지로 새를 찌르면서 웃더라고, 그는 울먹이면서 말했다.

시간이 지나면서 나는 니콜이 격렬한 분노와 씨름하고 있으며, 가학적인 충동을 다른 사람이 아닌 자신의 몸에 풀고 있다는 사실을 알게 됐다. 자기 성격의 가학적인 측면이 두렵고 또 견딜 수 없어서 그에 대한 반동형성으로 해당 감정과 정반대되는 좋은 사람이라는 자아상을 만들어낸 것이다. 동물을 사랑하며 헌신적으로 돌보고 다른 사람들의 잔인한 행위를 비난하는 것도 같은 이유다.

많은 내담자가 처음 나와 만나는 자리에서 "내 문제가 뭐든, 적어도 나는 좋은 사람이에요", "정말 좋은 사람이 되고 싶어요"라고 말한다. 실제로 자선사업, 교회 활동, 공익사업, 이런저런 자원봉사에 참여하고 있을지도 모른다. 그들의 세상에서는 인정 많은 사람, 심지어는 성인으로 여겨질 것이다. 그런 박애주의적인 활동에서 큰 의미를 찾는 사람이 많지만, 그런 활동을 자신이 선하다는 증거로 여기고 좋은 사람으로 평가받는 데 지나치게 신경을 쓴다면 그들의 무의식 속에서는 아주 다른 감정, 특히 분노와 증오가 들끓고 있을 가능성이 크다.

전치와 반동형성이 손을 잡으면

좋은 사람들은 사회적으로 용인된 방법으로 자신의 공격성을 표출하기 위해 그 감정을 사랑하는 사람에게 풀지 않고, 낯선 사람이나 사회적 대의로 옮겨놓는다. 가정폭력을 저지르는 동물보호 운동가나 환경 운동가, 보수주의자를 맹렬히 증오하고 비난하는 마음이 물러터진 자유주의자가 좋은 예다. 그들의 입장을 폄하하거나 가치관을 얕보려는 게 아니다. 연민 어린 마음으로 대의에 헌신하는 선함이 이상을 실현하는 동시에 방어기제 역할을 할 수도 있다는 얘기다.

우울증이 주된 문제일 때 특히 그렇다. 우울증에도 여러 유형이 있지만, 저 깊은 무의식에 숨어 있는 분노에서 비롯된 우울증은 심각하다. 우울증을 앓는 사람에게 분노는 두렵고 용납할 수 없는 공격적인 감정이다. 그리스도의 자애를 흉내 내려고 몸부림치면서도 자기 안으로 향하는 분노에서 비롯된 우울증과 평생 싸우는 독실한 기독교 신자를 예로 들어보자. 그런 사람은 자신의 공격성을 차마 마주할 수 없기 때문에 반동형성으로 좋은 사람이라는 정체성을 만들어낸다. 그들은 분노나 증오는 피할 수 있을지 몰라도 결과적으로는 우울증에 사로잡힌다.

반동형성과 수치심

깊은 수치심에 시달리는 경우, 반동형성이 몰염치함shamelessness의 형태로 나타나기도 한다. 몰염치가 정치인이 상대를 공격할 때 즐겨 사용하는 단어가 됐기 때문에("이런 추정을 사실로 내세우다니 그 후보는 자신이 몰염치한 거짓말쟁이임을 스스로 증명해 보이고 있다") 그 뜻을 분명히 해둘 필요가 있다. 정신역동적 의미에서 몰염치하다는 것은 수치를 모른다거나 다른 사람이 보기에 수치심을 느껴야 하는 상황에서 무심함으로 일관하는 태도 같은 게 아니다. 몰염치란 특정 행동을 과시하고, 어떤 사회규범이나 가치에 공공연히 반항한다는 의미다. 무심하거나 거만해서가 아니라 견딜 수 없는 수치심에 대한 반동형성으로 몰염치한 행동을 하는 것이다.

내담자인 엘리자는 남성 전용 클럽과 비공개 파티에서 폴 댄서로 일했다. 돈을 벌기 위해 섹스를 하는 매춘부가 아니었다. 그런데 같은 계통의 일이 안 좋은 소리를 들을 것 같은 상황이 되면(착각이든 아니든) 엘리자는 자기도 모르게 자신의 직업을 아주 공격적으로 밝혔다. 엘리자는 무의식적으로 상당한 수치심을 느끼고 있었다. 직업보다는 자기 자신, 그리고 정신적으로 입은 상처에 대한 수치심이었다. 엘리자는 자신의 본모습을 들킬까 봐, 흠 있는 사람으로 평가받을까 봐 두려워했다. 그런 평가에 대해 그가 공격적으로 취하는 무심한 태도는 자신 안에 잠재된 수치심에 대한 반동형성이었다.

많은 형태의 자기애적 과시는 반동형성의 한 가지 유형으로 볼 수 있다. 무의식적인 수치심에 지배당한 사람은 자신의 본모습을 들킬까 봐 두려움에 떤다. 불완전하거나 흠 있는 인간, 심지어는 기형으로 보일까 봐 무서워서 아름다운 모습으로 감탄을 자아내려 애쓴다.

나르시시스트들은 미화된 가짜 이미지를 보여주며 감탄 어린 눈길을 요구한다. 다른 사람들이 그 안에 있는 상처 입고 수치심이 들끓는 자아를 보지 못하게 하려고 말이다. 이는 반동형성의 한 예다. 본모습을 들킬지도 모른다는 무의식적인 공포가 남들의 눈길을 끌고픈 의식적인 욕망이 되는 것이다.

지금 가동 중인 방어기제는?

다시 한 번 말하는데, 이 코너는 각 장의 주제인 방어기제가 주요한 심리문제(욕구와 의존성, 강렬한 감정, 자존감)와 관련해 어떻게 작동하는지 설명해준다.

욕구와 의존성

사람들은 가끔 타인보다는 물질(음식, 알코올, 불법 약물)에 의존한다. 물건이 인간보다는 예측하기 쉽기 때문이다. 중독과 씨름하면서 친밀한 인간관계를 맺지 못하는 누군가를 안다면, 또는 자기 자신이 뭔가에 중독됐다고 생각한다면, 대인관계에서의 견딜 수 없는 결핍감이 근본적인 문제일 것이다. 욕구가 진짜 욕망의 대상(사람)에서 물건으로 옮겨진 것이다. 그룹 1과 그룹 2에 가장 공감하는 사람은 이 방어기제에 의지할 확률이 높다.

앞서 이 과정을 욕구의 부정과 억압으로 설명한 바 있다. 이처럼, 특정한 한 가지 정신역동이 관점에 따라 서로 다른 방어기제로 보일 수도 있다. 어떤 명칭을 붙이느냐보다는 우리가 어떤 근원적인 고통을 피하려고 애쓰고 있는지가 중요하다. 많은 사람이 원하는 바를 곧장 얻지 못할 때 찾아오는 좌절감을 잘 견디지 못한다.

이런 문제로 심리치료를 받는 사람이 많다. 남 얘기 같지 않다면 어린 시절이 현재의 자신에게 어떤 영향을 끼쳤는지 자신이 어떤 심리적 방어기제를 사용하고 있는지 한번 생각해보는 것이 좋다. 미덥지 못하거나 자녀를 거부하거나 감정적으로 소원한 부모 밑에서 자란 탓에 남에게 너무 의지하면 위험하다는 생각을 품게 됐을지도 모른다.

혐오감, 특히 격하고 극적인 방식으로 표출되는 혐오감은 반동형성이 발동하고 있다는 암시이기도 하다. 진화적인 시각에서 말하자면 혐오감은 우리를 오염시키거나 해칠지도 모르는 물질로부터 우리를 보호하기 위한 수단으로 생겨났다. 예를 들어, 배설물을 봤을 때 우리가 어떻게 반응하는지 생각해보라. 우리를 오염시키거나 해칠지도 모를 욕망이나 이끌림을 피하기 위해 이 내재적 기제를 심리적 방어에 사용할 수 있다.

앞서 얘기했던 동성애 혐오가 그 전형적인 사례지만, 어떤 상황에서든 강한 혐오감이나 반감이 생긴다면 방어기제가 작동하고 있지는 않은지 의심해봐야 한다. 성욕을 두려워하는 사람은 현대적인 성행위에 반감을 표하고 못마땅해하면서 금욕적인 태도를 취하거나,

심지어는 자신의 성기를 불쾌하게 여기기까지 한다. 난잡한 성행위가 감정적·육체적으로 위험하다고 믿는 것과 충동을 억제할 능력이나 의지가 없는 사람에게 경멸과 혐오를 느끼는 건 별개의 문제다. 이런 감정은 결혼이나 연애에 해로운 영향을 끼칠 가능성이 크다. 그룹 1에 가장 공감한 독자라면 주의를 기울여야 한다.

지나치게 남에게 기대는 나약한 사람이 경멸스럽게 느껴진다면 남에게 보살핌을 받고 싶은 자신의 바람을 외면하고 있는 건지도 모른다. 전업주부에게 우월감과 경멸을 느끼는 직장여성은 무의식중에 그런 결혼생활을 갈망하고 있을지도 모른다. 반동형성을 방어기제로 사용하는 사람은 남들이 깜짝 놀라거나 불쾌하게 여길 만큼 비정상적으로 격한 반응을 보인다.

강렬한 감정

가까운 사람에게 분노를 잘 표출하지 못하는 사람은 다른 누군가 또는 다른 뭔가로 감정을 자주 전이하고 상황에 어울리지 않게 격한 감정을 드러낸다. 당하는 사람은 상식을 벗어난 것처럼 보이는 그 반응에 "대체 왜 그렇게 화를 내는지 이해가 안 돼"라고 말한다. 참다 참다 한계에 도달해서 합당하게 터뜨리는 분노라면 문제가 없을지 모르지만, 비정상적으로 보이는 과격한 반응이라면 그 분노의 진짜 대상(배우자, 친구 또는 가족)에서 애꿎은 곳으로 감정을 이동시켰다는 신호일 수도 있다.

좋은 사람이라는 자아상에 집착하는 것과 마찬가지로 극단적이고 과도한 친절함 역시 적개심에 대한 반동형성을 반영하는 경우가 많다(이 친절함을 계산적인 거짓 친절이나 고의적인 위선과 혼동해서는 안 된다). 우리는 그런 행동을 두고 '질린다', '너무 달콤해서 메스껍다' 같은 말로 묘사한다. "듣기 좋은 소리도 한두 번이지"라는 말 역시 어떤 감정의 요란한 과시가 그 정반대의 것을 감추고 있을 수도 있다는 사실을 암시한다. 이런 방식으로 감정을 드러내는 사람을 보고 있자면 왠지 모르게 그 사람의 적대감이 느껴질 때가 있다. 가끔은 의식적으로 노리고 하는 행동일 수도 있지만, 반동형성으로 인한 친절함을 드러내는 사람은 보통 자신의 실제 기분을 전혀 모른다. 이는 그룹 3에 가장 공감한 독자에게 해당하는 이야기일 것이다.

당신이 무슨 말이나 행동을 했는데 상대가 전혀 의외의 반응을 보인 적이 있는가? '난 그런 의도가 아니었는데!'라고 속으로 중얼거릴 때가 많은가? 상대는 당신이 의식적으로 의도한 것과 정반대되는 무의식적인 감정에 반응했을지도 모른다.

자존감

수치심과 씨름하는 사람은 종종 그 감정을 자신의 외부나 소유물로 옮긴다. 내면이 손상됐거나 불완전하다는 고통은 자기가 못생겼고 옷도 멋지게 못 입고 열등한 차를 몰고 다니고 남부끄러운 집에 살고 있다는 지나친 걱정으로 드러나기도 한다. 다시 말해, 수치심이 내면(본질적 사람)에서 외부(외모나 소유물)로 전이되는 것이다. 그룹 5에 가장 공감하는 사람이라면 여기에 해당할 것이다. 이 역학에 대해서는 11장에서 수치심에 대한 자기애적 방어를 다루며 더 얘기하겠다.

자기 외모에 대해 늘 좋은 말을 듣고 싶어 하거나 자기를 비하하는 농담을 하면서 상대가 반박해주기를 바라는 사람이 주변에 있는가? 그런 사람과는 우정을 유지하기가 어렵다. 우리는 옷차림에 자신이 없어서 다른 사람의 칭찬을 갈망하기도 한다. 이런 감정과 행동을 다양한 방식으로 개념화할 수 있지만, 어떤 방어기제를 사용하든 수치심은 견디기 힘든 감정이다. 이는 다른 사람에게 외모 칭찬을 받는데 지나치게 집착하는 방식으로 나타난다.

내담자 엘리자처럼 수치심을 회피하기 위해 반동형성을 발동하는 사람은 반항적이고 뻔뻔스러워 보일 수도 있다. 친구가 어떤 일이 전혀 기분 나쁘지 않다고 우길 때 당신은 속으로 이렇게 생각했을지도 모른다. '정말 기분 나쁜 게 아니라면 왜 그 일을 계속 들먹이는 거야?' 앞서 언급했듯, 이 역학은 셰익스피어의 대사에 잘 담겨 있다. "저 여자가 정절의 맹세를 너무 요란하게 떠드는 걸 보니 믿음이 안 가는구나." 수치심에 대한 반동형성은 관습에 대한 과도한 반항으로 나타난다.

유별나거나 부적절한 격렬한 반응은 방어기제가 가동 중이라는 명백한 신호임을 이제는 확실히 알았을 것이다. 자신에게든 다른 사람에게든 그런 징후가 보이지는 않는지 늘 경계해야 한다. 하지만 나는 인간의 행동을 균질화하고 격렬한 감정을 비정상적인 것으로 간주하고 싶지는 않다. 우리는 가장 숭고한 이상이 무너졌을 때 증오와 분노를 느낀다. 우리가 세워놓은 기준이 무모하거나 부주의하게 깨어지는 걸 보면 경멸을 느낀다. 사회구조가 아주 옹졸하거나 인색해 보이면 공개적으로 경멸감을 표하고 반항하는 게 옳은 일일지도 모른다.

방어기제로 인한 경멸이나 반항과 온당한 경멸의 차이를 구분하는 방법이 한 가지 있다. 속으로 자기정당화를 자주한다면, 머릿속 대화를 자주 나누면서 다른 사람은 틀렸고 내가 옳다는 걸 증명하려고 애쓴다면, 자신이 사용하는 심리적 방어를 정당화하려는 시도일 수 있다. 자기정당화에 대해서는 3부에서 더 자세히 얘기하겠다.

연습

1. 애꿎은 사람에게 화풀이한 적이 있는가?

- 그 분노의 실제 원인은 누구/무엇이었는가? "그냥 기분이 나빴어" 같은 해명에 그치지 말자. 나쁜 기분은 아무 의미 없이 무작위로 일어나지 않고 아주 타당한 이유로 생길 때가 많다.
- 분노를 애꿎은 사람에게 표출한 이유를 파악할 수 있겠는가? 그 무고한 사람이 하필 그때 그 자리에 있어서? 아니면, 진짜 표적에게 분노를 표출하는 게 부적절하거나 위험하게 느껴져서?
- 진짜 대상에게 분노를 표출한다고 상상해보자. 그 장면과 대화 내용을 최대한 상세하게 그려보라. 마치 그 사람과 같이 있는 것처럼 소리 내 말하면 더 좋다.
- 분노를 표출하기가 불편하거나 불안하게 느껴졌는가? 그렇다면 당신이 분노와 증오를 잘 견디지 못한다는 의미다.

2. 적대감에 대한 자신의 태도를 되돌아보라.

- 분노가 순전히 파괴적인 감정이라고 생각하는가? 아니면 가끔은 이로울 때도 있을까?
- 분노를 표출하는 적절한 방법, 부적절한 방법이 따로 있을까? 어떻게 구분할 수 있을까?

3. 음식이나 알코올이나 약물에 심하게 집착하는가? 또는 물건을 모아서 쌓아놓고 싶은 충동을 강하게 느끼는가?

- 가끔 그런 갈망이 느껴진다면 곧장 그 욕구를 따르지 말고 앉아서 그 특정한 것을 원하는 느낌이 어떤지 적어보라.
- 상세하고 빈틈없이, 최대한 구체적으로 적는 것이 좋다. 쓰면서 다른 감정이나 충동이 생겨나지 않는가? 그 감정 역시 자세히 적어보자. 충동을 최대한 오래 참아보자.

4. 다른 사람들과 똑같은 상황에서 당신 혼자만 혐오감이나 역겨움을 강하게 느낀 적이 있는가? 반동형성은 그리 흔하지 않은 방어기제이기 때문에 '그런 적 없다'라는 답이 나와도 놀랄 일은 아니다. 하지만 만약 그런 적이 있다면 다음과 같이 해보라.

- "나는 X가 혐오스럽다. 왜냐하면……", "X가 역겹다. 왜냐하면……"으로 시작하는 문장을 사용해서 무엇이 그런 혐오감이나 역겨움을 불러일으키는지 상세하게 적어보라.
- 이제 이 문장들에서 '혐오스럽다', '역겹다'라는 단어를 '끌린다', '매력적이다'로 바꿔보자. 혐오감 대신 매력을 느낀다니, 이 연습이

어처구니없게 느껴질 수도 있다.

- 이 반응에 주목해보자. 얼마나 강한 거부감이 드는가? 특히 경멸과 조롱은 방어기제를 강화하고픈 강렬한 욕구를 의미할 수도 있다.

5. 일반적으로 용인되는 행동 규칙(조직의 규칙일 수도 있고, 가족의 바람일 수도 있다)에 강한 반항심을 느낀 적이 있는가? '그 규칙 때문에 죄책감을 느끼지는 않겠어'라고 생각했는가?

- 그저 잘못됐거나 부당해 보이는 사회규범에 굴복하기를 거부하는 독립적인 사람이라서 그럴 수도 있다.
- 반면, 다른 사람의 평가에 무심하다는 걸 과시하고 싶은 욕구가 느껴지거나, 머릿속에서 가상의 다툼을 벌이며 다른 사람들이 틀렸다고 우기면서 자신의 반항을 정당화하는 데 많은 정신적 에너지를 쏟아붓고 있다면, 무의식에 아주 고통스러운 죄책감(또는 수치심)이 있다는 의미일 수도 있다. 그 고통스러운 감정을 몰아내기 위해 몰염치함이나 반항적인 무심함이라는 반동형성을 가동 중일지도 모른다.
- 고집스러운 머릿속 목소리를 잠시 잠재운 뒤, 실은 자신이 다른 사람의 평가를 훨씬 더 많이 신경 쓰고 있다고 생각해보자. 이 사실을 다른 누군가에게 인정할 필요는 없다. 머릿속에서 벌어지는 다툼의 이면을 보려고 노력해라. 그렇게 하니 어떤 느낌이 드는가?

다음 단계

처음 두 질문에 대한 답은 분노에 대한 자신의 태도를 좀 더 명확하게 알려줄 것이다. 대부분은 적대감을 느끼고 표출하는 것을 불편하게 느낀다. 하지만 분노는 인간관계의 정상적인 일부분이다. 이런 생각이 편안하게 받아들여지지 않는다면 방어기제에 의존하고 있을 가능성이 크다. 주변 사람이 분노를 표출할 때 어떤 기분이 드는지 관심을 기울여보자.

마지막 질문을 통해서는 내가 이 책 전체, 특히 13장에서 논할 한 가지 접근법을 접할 수 있다. 방어기제를 정당화하기 위해 특정 관점을 고집하는 정신적 다툼이나 반복적인 생각에 의존하고 있음을 인지하는 것이다. 내일부터는 자신의 생각에 집중해서 이런 과정이 가동 중인지 살펴보기 바란다. 누구나 한 번쯤은 자신의 방어기제를 정당화하려고 한다.

6장

분리 : 세상을 흑백으로만 보는 이유

누군가를 사랑할수록
그 사람 때문에 미쳐버리겠어.
누군가를 사랑할수록
그 사람을 죽이고 싶어!

— 브로드웨이 뮤지컬 〈애비뉴 Q Avenue Q〉

이 책에 등장하는 방어기제 가운데 아마도 가장 이해하기 어려운 것이 분리splitting일 것이다. 부정이나 억압과 달리 분리라는 개념은 문화적 주류에 제대로 편입되지 못했기 때문에 일상 대화나 책이나 영화를 통해 접할 수 있는 기회가 없다. 또, 우리 안에서 인지하기가 다른 방어기제보다 더 어렵기도 하다.

분리를 더 쉽게 이해할 수 있도록 여기서는 다른 장과 조금 다른 접근 방식을 택하려고 한다. 분리와 가장 자주 관련되는 감정적 문제인 양가감정과 강렬한 증오에 대해 먼저 이야기한 다음, 분리라는 방어기제가 어떻게 양가감정을 단순화하고 강렬한 증오를 의식하지 못하게 막으려 하는지 보여줄 것이다.

그리고 분리는 더 넓은 사회적 맥락 속에서, 즉 외부에서 좀 더 쉽게 파악되기 때문에 이 장에서는 정치 같은 공적 영역과 관련된 사례를 많이 소개하고 그로부터 배운 내용을 개인 심리에 적용할 것이다.

양가감정의 두 가지 유형

이 장의 서두를 연 뮤지컬 〈애비뉴 Q〉의 웃기면서도 통찰력이 돋보이는 노래 가사는 젊은 일본계 미국인 여성이 해묵은 낭만적 격정의 문제를 고민하는 내용을 담고 있다. 격렬한 사랑의 감정이 때로 살인충동으로 바뀌기도 한다는 것이다. 감정적 유대가 강할 때 가장 선명하게 나타나긴 하지만 중요한 인간관계에서는 거의 늘 이런 반대 감정(사랑과 증오)을 경험하게 된다. 그리고 우리는 그런 양가감정에 대처하느라 애를 먹는다. 아끼는 사람을 죽이고 싶어지는 감정이 순간적으로 확 불타오를 때 어떻게 하면 그들을 해치지 않고 무사히 넘어갈 수 있을까?

양가감정이라는 단어는 다른 의미로 더 자주 사용된다. 자기가 가장 원하는 게 뭔지 확신하지 못해 결정을 못 내리는 상태. 우리의 욕구가 여러 방향으로 갈린다는 의미다. 이런 양가감정을 경험해봤다면, 즉 여러 방향으로 끌려서 어느 길을 선택할지 결정하기 힘들었던 적이 있다면 그게 얼마나 괴롭고 견디기 힘든지 잘 알 것이다.

양가감정으로 인해 불편한 기분이 들면 최대한 빨리 결정을 내려서 불확실성을 해결하고 싶어진다. 양가감정이 느껴지는 상황이 있으면 그 일이 계속 생각나고 결심이 설 때까지 그 문제에 집착하곤 한다는 얘기를 수많은 내담자에게 들었다. 아마 당신에게도 비슷한 경험이 있을 것이다. 더는 견딜 수가 없어서 어떻게든 불확실한 상황을 끝내려고 아무렇게나 결정을 내려버릴 때도 있다.

신경과학자 로버트 버튼Robert Burton의 말에 따르면, 대부분의 사람들은 애매모호함이나 혼란을 견디지 못해서 실제로는 알지 못하고 알 수도 없는 일을 자기가 확실히 알고 있다고 철석같이 믿는다.• 우리는 엄격하게 성문화된 도덕률, 경직된 신념 체계, 독단적인 편협함에 의지해 불확실성의 고통을 피하려 한다.

F. 스콧 피츠제럴드F. Scott Fitzgerlad는 이렇게 말했다. "어떤 사람이 일류 지성을 갖추고 있는지 시험하려면 두 가지 상반된 생각을 동시에 품고서도 여전히 제 역할을 잘하는지 보면 된다."•• 피츠제럴드의 말대로 할 수 있는 사람은 그리 많지 않다. 우리는 상반된 두 생각 중 하나를 거부하고 다른 하나로 도피하려고 한다. 이 경향은 정치계에서 두드러진다. 골치 아픈 사회문제의 해결방법을 두고 많은 사람들이 적대적이고 지나치게 단순하며 경직된 믿음을 갖는다.

복잡한 상황에 직면해서 뭘 해야 할지 확신이 안 서고 서로 반대

• Robert Burton, *On Being Certain: Believing You Are Right Even When You're Not* (New York: St. Martin's Press, 2008).

•• F. Scott Fitzgerald, *The Crackup* (New York: New Directions Publishing, 1945).

되는 관점에 모두 공감이 갈 때 우리는 매우 큰 불편함을 느낀다. 이런 불편함에 애를 먹는 사람들은 흑백논리에 자주 기댄다. 회색지대에서 불확실성과 양가감정으로 힘들어하기보다는 복잡한 상황을 양자택일의 문제로 축소해버리는 것이다.

우리는 어떤 생각이나 관점을 나쁜 것(흑색)으로 정의해버리고 거부하면서 좋은(백색) 관점에 동조한다. 분노와 독선이라는 감정에 종종 이 과정이 함께 일어나서 '나는 옳고 반대편은 틀렸다'는 신념이 더 강해진다. 애매모호함과 타협은 우리를 고통스러운 양가감정의 늪으로 내던져버리기 때문에 고려할 가치도 없다는 식이다.

흑백논리는 분리라는 심리적 방어기제를 반영한다. 복잡성으로 인한 긴장과 혼란을 견디기 힘들 때 우리는 복잡한 상황을 단순하게 양분한 다음 그중 하나에 동조하고 다른 하나를 거부함으로써 문제를 해결한다. 그 결과, 뭔가를 확실히 안다는 믿음과 함께 일종의 편안함을 느낀다. 그러나 분리는 한 가지 복잡한 사안을 지나치게 단순화함으로써 다채로움과 활력을 빼앗아버린다.

자기가 진실을 안다고 100퍼센트 확신하는 사람과 다퉈본 적이 있다면 그 경험이 얼마나 짜증스럽고 절망적인지 잘 알 것이다.

증오의 문제

우리는 감정에 대처할 때에도 분리를 사용한다. 사랑과 증오처럼 모순되는 태도나 감정을 동시에 갖는 건 서로 다른 생각을 견디는 것보다 훨씬 더 괴롭다. 연인이나 친구나 가족과 다투면서 서로 상처를 후벼 파다가 발끈해서 상대와 다시는 말을 섞고 싶지 않은 기분이 든 적 있는가? 격한 감정을 분출한 후 '이 관계는 끝났구나' 확신했다가 바로 그다음 날 마음이 바뀌었던 적이 있는가?

사랑하는 사람에게 일시적으로 느껴지는 증오는 감당하기가 힘들다. 증오를 용납할 수 없는 감정으로 보는 문화권에서 산다면 더더욱 그렇다. 아동 서적이나 가족 지향적인 텔레비전 방송, 그리고 다양한 사회적 쟁점에 대해 정치적으로 옳은 관점을 가르치는 학교 수업은 인간 본성을 묘사할 때 증오를 지워버리거나 증오의 표출을 비난한다. 눈을 들어 세상을 보면 종교적 광신자, 정치인, 인종차별주의자, 전쟁 선동자 같은 사람들이 어디서나 증오를 표출하고 있는데 우리는 그런 감정을 가져서는 안 된다고 배운다.

가까운 관계에서는 특히나 더 용납되지 않는 감정이지만, "너무 화가 나서 죽여버리고 싶더라니까"라는 말을 누구나 한 번쯤은 해본 적이 있을 것이다. 물론 진짜 죽일 작정으로 그런 말을 하는 건 아니다. 하지만 애초에 살인이라는 생각이 왜 떠오를까? 왜 다른 방식으로 감정을 표출하지 않을까?

부모나 자녀, 배우자, 가까운 친구에게 느끼는 증오를 인정하고 싶은 사람은 거의 없겠지만 형제자매에 대한 증오는 비교적 인정하기 쉬운 것 같다. 어린 시절, 형제자매 간에 치고받고 싸우는 일은 아주 흔하다. 어른이 되고 나서도 사이가 안 좋아 명절에 만나기만 하면 으르렁대고 수년 동안 앙금을 품고 지내는 형제자매도 많다. 자신이 그렇지 않다 해도 주변의 누군가는 그럴 것이다. 그 미움이 심해져 견딜 수 없어지면 관계를 완전히 끊고 살기도 한다.

누군가에게 큰 상처를 받았다는 등의 충분한 이유가 있으면 그 사람을 미워해도 괜찮을 것 같은 기분이 든다. 특히 상대가 악의를 품고 있거나 잔인하리만치 무신경하면 두말할 필요 없다. 내가 기다리고 있던 주차 자리를 다른 운전자가 가로챘을 때 화가 나지 않는가? 새치기하는 사람을 한 대 치고 싶지 않은가? 친구들 앞에서 나를 욕하는 연인이나 배우자의 목을 조르고 싶지 않은가?

가까운 관계일수록 증오는 아주 고통스럽고 파괴적일 수 있다. 미움에 사로잡히면 아끼는 사람들에게 거침없이 고통과 상처를 주게 된다. 다투다가 상대를 마구 몰아세우고 나중에 후회할 말을 내뱉은 적이 있을 것이다. 순간 욱해서 상대가 밉고 관계를 끝내고 싶은 기분이 들었을지도 모른다. 심지어는 잔인하고 모욕적인 말을 했을지도 모른다.

인간관계에서 겪는 불화에 대해 수많은 내담자에게서 들은 바에 따르면, 사람들은 증오에 휩싸였을 때 상대에게 "꺼져!" "죽어버려!" 같은 말을 심심찮게 한다.

증오는 보편적인 감정이다

내가 내담자들의 감정을 증오라는 단어로 표현하면 그들은 가끔 이렇게 정정한다. "화가 났을 수는 있죠. 하지만 증오는 강한 감정이잖아요. 내가 느끼는 게 증오는 아닌 것 같아요." 그들은 보통 증오가 나쁜 감정이라고 믿으며 증오를 느낀다는 건 자기에게 뭔가 문제가 있다는 뜻이라고 생각한다. 자기계발서와 영성 지침서는 증오를 초월하거나 극복해야 할 감정으로 마치 노력하면 벗어날 수 있는 것처럼 말한다.

하지만 저녁 뉴스를 틀면 아프리카에서 일상적으로 일어나는 만행, 중동의 잔혹한 무장세력들이 저지르는 충돌, 미국에서 벌어지는 극악무도한 범죄, 전 세계 부패한 정권과 반란군의 셀 수 없는 행각이 나온다. 매일 모든 곳에서 사람들이 증오를 표출하고 있다.

텔레비전의 리얼리티 방송은 인간 본성의 이 측면이 선명하고 몰염치하게 드러나는 모습을 보여준다. 주목받아야 한다는 부담감과 시청자에게 볼거리를 제공해야 한다는 짐을 안고 있는 출연진은 자기가 사랑한다는 사람들에게 잔인한 말을 한다. 증오는 피할 수 없는 현실이며 모름지기 교양인이라면 중요한 인간관계에서 그 감정에 대처할 줄 알고 그 표출을 억제하는 법을 배워야 한다.

서로 반대되는 생각에 갇혀서 생기는 애매모호함을 선명한 흑백논리로 해결해주듯, 분리는 인간관계에서 생기는 양가감정에 대처하는 데에도 도움이 된다. 감정의 영역에서 분리란 사랑과 증오의 충동을 갈라서 완전히 떼어놓는다는 의미다. 그리고 이 과정에서 흔히 엉뚱한 사람에게 증오의 화살을 돌린다.

앞선 장에서 전치에 대해 얘기하면서 아기보다는 남편을 원망하는 산모의 예를 든 바 있다. 이런 전치는 감정적 분리에 의존한다. 산모는 요구가 많은 아기에 대한 양가감정을 분리해서 애정과 만족감은 그대로 품고 적대감은 아기에게서 남편에게로 옮겨버린다.

가까운 사람에게 엇갈린 감정(사랑과 증오)을 품으면 힘겹고 고통스럽다. 그 대상이 오랜 기다림 끝에 찾아온 무력한 아기라면 더더욱 그렇다.

알렉시스 이야기

알렉시스는 생각과 감정, 두 가지 의미 모두에서 양가감정에 시달리고 있었다. 상담치료를 시작했을 때 알렉시스는 몇 달째 두 남자(스티브와 브라이언)를 만나고 있었다. 동시에 만난다기보다는 둘 사이를 오락가락하고 있었다. 스티브와 사귀기로 결심했다가도 마음이 바뀌어 스티브를 버리고 브라이언에게로 돌아서곤 했다. 결국 알렉시스는 마음을 정하지 못했다.

한 남자와 다시 시작할 때마다 알렉시스는 사랑에 빠진 기분을 느끼고 자기가 행복하다고 믿었다. 하지만 과연 옳은 선택을 했을까 하는 의구심이 늘 남아 있었다. 그러다가 갈등이 생겨 화가 나면 곧바로 자기가 잘못된 선택을 했다고 결론을 내린 뒤 현재 애인을 버리고 전에 거절했던 남자에게 다시 연락을 했다.

알렉시스는 인간관계의 본질을 받아들이지 못했다. 상대에게 짜증이나 불만이 생기는 건 어쩔 수 없는 일이다. 분노나 불만을 느낄 때마다 알렉시스는 그 감정을 잘못된 선택의 증거로 여겼다. 사랑을 하나의 완벽한 상태로 이상화하고, 다른 복잡한 감정을 따로 분리해놓고는 그것을 느끼는 순간 거부해버렸다.

하지만 인간관계에서 생겨나는 분노, 가끔은 증오까지 참아내고 그 순간에 사랑하는 사람에게 상처를 주지 않아야 친밀한 관계를 오래도록 유지할 수 있다. 친구나 가족과의 관계도 마찬가지다.

이런 유형의 양가감정을 견딘다는 건 휘둘림 없이 감정을 경험하는 법을 배우고 모든 감정이 일시적이라는 걸 이해한다는 뜻이다. 양가감정을 받아들인다는 건 다음과 같이 생각하고 진정으로 믿을 수 있다는 의미이다. '지금 당장은 네가 미워 죽겠지만, 이 감정이 지나가고 결국엔 널 다시 사랑하게 되리라는 걸 알아.'

유익한 분리와 과도한 분리

과도한 분리는 인간관계를 힘들고 불안정하게 만들기도 한다. 애인을 쉽게 갈아치우는 사람, 새 친구를 사귀었다가 금방 절교하는 사람이 주변에 한 명쯤은 있을 것이다. 복잡한 감정을 인내하지 못하면 친밀한 관계를 오래 유지하기 어렵다.

반면, 분리가 인간관계를 유지하고 지켜주는 경우도 많다. 분노의 감정을 배출할 다른 출구가 있으면 사랑하는 이를 그 감정으로부터 보호할 수 있다. 화낼 만한 정당한 이유가 있으면 그 분노를 친구나 가족이나 동료에게 (건설적인 방식으로) 알려야겠지만, 욱해서 분노를 그대로 다 분출하는 건 별로 좋지 않다.

사회의 순기능 중 하나는 사람들에게 분노의 배출구를 제공해준다는 것이다. 사회는 공격성, 심지어는 증오를 느끼고 표출(분리)해도 괜찮은 곳을 찾아준다. 예를 들어, 스포츠 경기를 생각해보자. 관중은 한 팀이나 한 선수와 자신을 동일시하면서 상대를 제압하고 싶어 한다. 이 과정을 통해 우리는 경쟁 충동을 배출할 수 있을 뿐만 아니라 사적인 인간관계에서 생기는 공격적인 감정을 다른 곳으로 돌려 좀 더 안전한 환경에서 표출할 수 있다.

적이 정해져 있는 전쟁 역시 공격성의 승인된 배출구다. 전시에는 분리가 극명하게 두드러진다. 국민들은 의견 차는 잠시 접어두고 공통의 적에 대항해 똘똘 뭉친다. 잠시나마 온 국민이 화합하고 단결하는 분위기가 만들어진다. 외부로부터 생존을 위협받는 상황이라면 꼭 필요한 일이다.

하지만 이 유형의 방어기제에 심하게 의존하면 공격성을 배출할 곳이 없을 경우 문제가 생긴다. 예를 들어, 영화 〈위대한 산티니The Great Santini〉에서 불 미첨 대령은 해외 근무지에서 돌아온 뒤 가족을 공포에 떨게 한다. 나중에 그는 친구 버질에게 평화로운 시기의 전사는 힘들다고 털어놓는다. 자신의 공격성을 발산할 승인된 배출구가 없기 때문이다. 공격성을 분리해서 사랑하는 이가 아닌 다른 곳으로 돌릴 수 있어야 한다. 그런 배출구가 없어지자 그는 아내와 네 아이에게 잔인한 짓을 한다.

자녀의 스포츠 경기를 보러 갔다가 자기 자식이 속한 팀의 승리에 지나치게 집착하고, 불리한 판정이 나오면 심판에게 대들고 욕설을 뱉는 아버지를 본 적이 있을 것이다. 아마도 그는 증오와 씨름하던

중에 증오를 분리해 스포츠 경기로 돌리려다가 그 감정을 감당하지 못한 상태일 것이다. 때로 난폭 운전은 분리 과정을 반영하기도 한다. 당신에게 끼어들기를 당한 다른 운전자도 똑같이 화를 낸다면 곤란한 상황에 처할 수 있다!

또 무고한 동물과 환경을 지키기 위해 싸우는 동물보호 운동가와 환경 운동가가 무자비한 공해 유발 기업이나 사악한 실험을 하는 과학자에게 격한 증오를 쏟는 것도 분리의 한 사례다. 그들은 분노할 만한 정당한 이유가 있다고 느끼고, 실제로 그런 경우도 많다. 하지만 분리에 과도하게 의지하면 그들의 세계관은 만화에 등장할 법한 악당과 순수하고 무고한 희생자 간의 대결로 지나치게 단순화된다.

사랑하는 사람들에 대한 인식과 태도 역시 두 가지 차원으로 나뉠 수 있다. 분리에 의존하는 사람은 친밀한 인간관계에서 지나친 친절을 베풀기도 한다. 그래서 가식적이거나 지나치게 감상적인 사람이라는 두 가지 인상을 줄 수 있다. 공격적인 감정은 떼어내서 좀 더 용납할 수 있는 배출구를 선택해 해소하지만 그 대가로 친구나 가족이나 연인과 진정으로 친밀한 관계는 맺을 수 없게 된다.

다른 사람들에 대한 인식 분리하기

분리가 가동 중일 때는 다른 사람을 정확히 인식하는 능력에 자주 문제가 생긴다. 지나치게 열성적인 운동가는 동물이나 환경을 보호하는 문제를 흑백논리, 심지어는 도덕주의적인 관점으로 보기 때문에 반대편에 있는 사람들을 3차원의 인간이 아닌 인정사정없는 대기업 거물이나 잔인한 과학자 같은 인물로 희화화해버린다. 앞서 말했듯 정당하다고 느끼면 자신의 증오를 받아들이기가 더 수월해진다. 가끔 우리는 증오의 감정을 정당화하기 위해 자신의 인식을 무의식중에 왜곡한다.

적대적인 감정을 안전하게 배출할 수 있는 곳을 찾기 위해 우리는 세상을 선과 악으로 아주 명확하게 구분한다. 우리가 사랑하는 힘없고 무고한 동물과 그 동물을 착취하는 나쁜 사람들. 오염되지 않은 깨끗한 환경과 그것을 오염시키는 악인들. 우리는 나쁜 사람들을 미워하고 그들은 미움을 받아도 싸다고 생각한다. 전시에 정부는 적국의 사악함을 국민에게 납득시키기 위해 선전을 통해 이런 유형의 분리를 부추긴다. 제2차 세계대전 동안 만들어진 영화에는 희화화된 나치들이 잔뜩 등장한다.

"그 사람들이 미워. 미움받아도 싼 인간들이야!"

전쟁 영화의 주인공들은 적군인 사악한 나치만큼이나 평면적이다. 한결같이 선하고 용감하고 이상주의적이며 국가를 위해서라면 당장이라도 목숨을 바칠 준비가 되어 있는 애국자들이다. 요즘 정치인은 군인을 용기와 자기희생의 화신으로 이야기한다. 세상을 흑과 백, 선과 악의 대결로 보는 시각은 분리 과정을 반영한다. 개인의 심리를 방어하기 위해서든 국방을 목적으로 국민의 증오를 동원하기 위해서든 복잡하고 애매모호한 현실을 단순하게 만든다.

극도의 압박감 속에서 사용하는 분리

분리를 자주 사용하지 않는 사람도 심한 스트레스를 받아서 평소의 대응기제가 먹히지 않으면 분리에 기댈 수 있다. 부정이나 억압은 잠시 동안은 효과가 있을지 몰라도 그 후에는 격한 감정이 터져나올 수 있다. 이때 분리는 일종의 예비 방어기제 역할을 한다. 사례를 통해 이 과정을 더 명확히 설명해보겠다.

클로이의 조카는 마약 밀매자들과 어울리다가 그들에게 잔인하게 살해됐다. 살인범들은 체포됐지만 수년 뒤에야 재판에 회부됐다. 재판이 가까워지면서 클로이와 가족은 증인들의 끔찍한 얘기를 듣게 되리라 예상하고 마치 협력단체처럼 힘을 모았다. 그들은 적어도 한 명은 반드시 재판에 참석할 수 있도록 일정을 짰다. 일상은 뒷전이 되고 그들의 생활은 곧 다가올 재판을 중심으로 돌아갔다.

이 기간 동안 클로이 가족은 그들의 기억 속에서 실제보다 훨씬 더 좋은 사람으로 미화된 소년을 위해 정의를 구현하는 대의에 모든 것을 바쳤다. 그 대의가 이윽고 그들에게는 신앙 같은 게 돼버렸다. 살인범들을 영원히 감옥에 가둬놓는 것, 오직 이 목적에만 집중했다. 이전에 있었던 가족 사이의 불만과 짜증은 옆으로 제쳐뒀다. 이런 현상을 이해하기는 어렵지 않다. 대부분은 그들과 똑같이 반응할 것이다.

재판이 얼마 남지 않았을 때 한 친구가 클로이의 조카에 대해 불평하는 실수를 저질렀다. 당시엔 몰랐지만 나중에 알고 보니 충분히 그럴 만한 이유가 있었다. 클로이는 친구가 조카에게 악독하게 군다고 비난을 쏟아부으며 절교했다. 사실 잘못은 조카에게 있었다. 하지만 클로이의 친구는 불평을 내뱉은 순간 쫓겨나야 마땅한 적, 아주 나쁜 인간이 돼버렸다.

마치 전쟁으로 스트레스를 받는 국가처럼 클로이의 가족은 하나로 똘똘 뭉쳤다. 살해당한 조카는 좋은 사람이었고, 가족 사이에는 애정이 넘쳤으며, 그들을 지지하지 않는 사람은 무조건 나쁜 인간이었다. 클로이의 친구는 물리쳐야 할 사악한 적이었다. 다가오는 재판이 고통스럽고 두려워 극심한 압박감에 시달리던 클로이는 반대 감정이 공존하는 애매한 상황을 참지 못했다. 자신이 사랑하는 조카가 친구에게 나쁘게 행동했다는 생각은 견딜 수 없었다.

몇 달 뒤, 재판이 끝나고 범인들이 유죄 판결을 받고 나서 극도의 스트레스에서 벗어난 클로이는 친구를 이해하고 우정을 회복할 수 있었다. 평소처럼 좀 더 객관적인 시각으로 조카를 볼 수 있게 됐다. 하지만 재판 이전과 재판 동안의 그 끔찍한 시기에는 감당해야 할 고통이 너무나 컸기 때문에 객관적이고 양면적인 관점까지 받아들일 여력이 없었다.

지금 가동 중인 방어기제는?

선악의 극단적인 구분은 분리의 전형적인 특징이다. 또한 분리가 가동하면 중요한 인간관계에 대한 아주 긍정적인 감정이 극도로 부정적인 감정으로 바뀐다. 다른 사람들에 대한 인식이 오락가락해서 오늘 영웅으로 우러러보던 사람이 내일은 쓰레기로 보인다. 흑백논리가 주된 사고방식이 된다.

욕구와 의존성

다른 사람에게 의존할 때 생길 수밖에 없는 좌절감을 잘 견디지 못하는 사람은 쉽게 사랑에 빠지고 쉽게 사랑이 식는 경향이 있다. 처음엔 새로운 연인을 완벽한 사람으로 믿었다가 곧 쓸모없는 인간으로 내쳐버린다. 내담자 알렉시스와 마찬가지로 복잡한 감정을 받아들이지 못하고 실망스럽거나 짜증나는 연인을 끊어냄으로써 양가감정을 해결한다. 그룹 4에 공감하는 독자라면 이런 유형의 분리에 의존할 가능성이 크다.

친구와의 관계에서도 비슷한 패턴이 나타날 수 있다. 존경하는 사람은 무조건 좋은 쪽으로 생각하면서 적들은 철저히 경멸한다. 격렬하고 변덕스러운 감정은 분리가 가동 중이라는 신호일 수도 있다. 연인이든 친구든 다른 사람에게 강한 애착을 느끼거나 집착한다면, 특히 그들을 이상화하는 경향이 있다면, 과도한 분리에 의존하고 있다는 증거다. 그룹 2에 공감한다면 주의를 기울여야 한다. 새로운 사람에게 쉽게 열광하다가 갑자기 흥미를 잃어버리는 패턴이 계속된다면 욕구와 의존성이 수반되는 모든 인간관계에서 생겨날 수밖에 없는 양가감정을 잘 받아들이지 못하고 있다는 의미일 수도 있다.

우리가 흔히 방어하는 감정은 분노지만 욕구와 의존성을 인정하는 게 너무 위협적으로 느껴질 때에는 누군가를 좋아하는 감정을 떼어내버릴 수도 있다. 만성적으로 분노나 불만을 느끼는 사람은 좀 더 부드러운 감정을 피하고 있는지도 모른다. 사랑하는 사람에게 상처받고 실망하고 나약해지기보다는 독선적으로 격분하는 게 더 안전하게 느껴질 때도 있다. 그 사람에게 많이 의지할수록 더 그렇다.

강렬한 감정

그룹 4에 가장 공감하는 독자는 때로 감정을 주체하지 못하고 버럭 화를 낼 것이다. 오랫동안 적대적이거나 부정적인 감정을 분리해 저 멀리 다른 곳으로 배출할 수 있었을지도 모르지만, 근처에 있는 누군가에게 불쑥 화가 나면 분노에 완전히 잡아먹힐 수도 있다. 예상치 못하게 갑자기 강렬한 감정이 치밀어 오른다면, 특히 그 순간에는 왜 그렇게 감정이 격해지는지 설명하기 어렵다면, 분리가 방어기제로서 제 역할을 못하고 있다는 의미다.

분리가 아주 안정적인 방어기제 노릇을 할 수도 있다. 감정을 바짝 죄어놓고 아주 가끔만 터뜨리는 침착한 사람이라면 말이다(그룹 3). 분리는 강박과 충동을 유지하는 데 큰 역할을 하기도 한다. 유명한 '쥐 사나이Rat man' 사례에서 프로이트는 사랑과 증오 사이에서 심한 갈등을 겪고 있는 환자에 대해 이야기했다(쥐 사나이는 프로이트가 강박신경증에 걸린 환자에게 붙인 코드명으로 환자는 아버지가 빨리 죽기를 바라면서도 이런 심리를 감춰야 한다는 강박 때문에 아버지를 병적인 정도로 걱정했다—옮긴이). 쥐 사나이는 증오가 의식으로 들어오지 못하게 강박적인 생각과 충동적인 행동에 의지한다. 강박과 충동은 분리를 계속 가동하지만, 끊임없이 경계해야만 그 상태를 유지할 수 있다.• 강박적인 생각과 충동적인 행동 양쪽 모두 또는 어느 한쪽과 씨름 중이라면 공격성을 멀리하기 위해 분리에 의지하고 있는지도 모른다.

방어기제로서의 분리는 아주 불안정하고 변덕스럽기도 하다. 분리에 의존하는 사람은 하루에도 몇 번씩이나 극단적인 감정 사이를 오락가락한다. 가까이에 있는 사람이 좋았다가 순식간에 끔찍이도 싫어진다. 모든 인간관계에서 생기는 복잡한 감정을 어떻게 감당하느냐 하는 양가감정의 문제는 모든 사람, 특히 경계선 성격장애••를 앓고 있는 사람들이 껴안고 있는 난제다.

자존감

수치심이나 낮은 자존감과 씨름하고 있는 사람에게 양가감정은 또 다른 문제를 안겨준다. 자존감이 낮은 사람은 사랑하는 이에게 불만이나 실망감을 느낄 때 이를 개인적인 모욕으로 받아들이고 깊은 상처를 입는다. 이런 일로 그들을 미워하는 건 너무 고통스럽기 때문에 사랑을 분리해내고 분노로 도피해버린다. 수치심을 불러일으킨 사람에게서 등을 돌리는 것이다. 그룹 6의 내용이 내 이야기다 싶은 독자는 이런 유형의 분리에 의존할 가능성이 크다(이 특정 방어에 대해서는 11장에서 더 이야기할 것이다).

• Sigmund Freud. *S. E.* 10, p. 192.

•• 나는 이 진단명에 큰 가치가 없다고 생각하지만,《정신장애진단 및 통계편람》4판은 거의 모든 성격장애와 여타 장애에 함께 나타나곤 하는 다수의 특징을 밝힌다. 그중 우리에게 가장 중요한 것은 '인간관계에서 극단적인 이상화와 평가절하 사이를 오가는 불안정하고 극심한 패턴'이다. 이런 오락가락은 분리의 불안정하고 변덕스러운 가동을 반영한다.

연습

1. 어떤 정당을 지지하는가? 그 정당과 강한 동질감을 느낀다면(즉, 선거마다 늘 그 정당에 투표한다면), 다른 정당의 공약을 검토해보고 공감 가는 부분이 있나 살펴보자. 정치는 사람들이 흑백논리를 적용하는 영역 중 하나다. 공감 가는 부분이 전혀 없다면, 특히 다른 정당의 정치인들을 희화화된 모습으로 생각하고 있다면, 모든 애매모호함과 미묘함을 해결하기 위해 분리에 의존하고 있다는 증거일 수도 있다.

2. 처음 몇 번의 연애를 떠올려보라. 상대에게 처음으로 불만이나 실망감이나 분노를 느꼈던 일을 기억하는가? 그런 감정에 어떻게 대처했는가? 계속 만날지 말지 심각하게 고민했는가? 그 관계는 계속 이어졌는가, 아니면 그런 힘겨운 감정 때문에 끝나고 말았는가?

3. 현재 또는 좀 더 최근의 연애를 생각해보라. 심한 다툼으로 상처받았거나 실망했던 일을 떠올려보자. 분노를 어떻게 표출했는가?

a. 감정을 터뜨리고 상대에게 상처를 줬는가?

b. 아니면 정반대로 자신이나 상대의 분노가 두려워 바로 양보하고 비난을 받아들였는가?

양쪽 모두 분리 과정을 반영한다. a는 애정 어린 감정을 떼버린 결과 적의만 남은 경우고, b는 너무 괴롭거나 파괴적인 분노를 분리해버린 경우다.

4. 친구나 가족이나 직장 동료에게 화가 나면 등을 돌리고 그들을 무시해버리는가? 격렬한 충돌이 불화로 이어지는 패턴이 있다면, 특히 독선적으로 자신을 방어하는 경향이 있다면, 분리가 작동 중일 것이다. 이렇게 틀어진 관계 중 하나를 되돌아보자. 지금 생각해도 화가 치밀어 오르지만 한때 아주 소중했던 한 사람을 택한다.

a. 상대의 시각으로 당시의 사건을 생각해보자. 반박이나 '그래, 하지만……'이라는 생각은 금물이다.

b. 사이에 금이 가기 전 그 사람에게 친근감을 느꼈던 순간을 기억해보자. 그때 느꼈던 좋은 감정의 흔적이 조금이라도 남아 있는가? 아무것도 안 남아 있다면 한때 느꼈던 모든 애정을 성공적으로 분리해내고 부정한 것이다.

c. 그 좋은 감정을 되찾는 데 성공했다면 애석하거나 후회되지는 않는가? 불화를 치유하면, 즉 떼 내버렸던 사랑이나 애정을 되찾으면 상실감, 회환, 후회가 밀려들 때가 많다.

d. 아니면 수치심이 느껴지는가? 가끔 우리는 '내가 완전히 옳아'에서 '내가 완전히 틀렸어'로 태세전환을 하기도 한다. 이 또한 분리의 예이다. 쌍방 모두 오해한 부분은 없는지 좀 더 조심스럽고 정확하게 되돌아보자.

5. 인생에서 극도로 힘들었던 시기를 회상해보라. 내담자 클로이가 겪었던 것만큼 끔찍하지는 않아도 정말 고통스럽고 스트레스가 심했던 일을 떠올려보자.

a. 대부분의 사람들이 그렇듯 이 시기에 더 민감하고 까탈스러워졌는

가? 일상적인 문제들을 견디기가 평소보다 더 힘들었는가?

b. 다른 사람들과 심한 의견 충돌이 있었는가? 친구나 동료나 가족의 행동에 학대받는 느낌이 든 적이 있는가? 적이 있다고 느꼈는가?

c. 그때 세계와 다른 사람들에 대한 이해가 얼마나 왜곡되고 부정확했는지 보이는가? 지금은 당시보다 그 사건들이 사소해 보이는가?

다음 단계

이 연습은 연애 같은 친밀한 관계에서 적대감이 하는 역할을 더 깊이 이해할 수 있게 해준다. 지금까지 분노를 부정하고 억압하며 다른 곳으로 옮기고 분리해서 사랑하는 사람으로부터 멀리 떨어뜨려놓는 것에 대해 이야기했다. 파괴적인 영향을 줄 수도 있는 분노와 증오를 상대하는 건 누구에게나 큰 심리적 도전이다.

내일부터는 적대적인 감정에 주의를 집중해보자. 자신이 어떻게 대처하는지 지금까지 이야기한 방어기제들에 의존하고 있지는 않은지 지켜보자. 효과적인 대처 전략은 처음에 격하게 치밀어 오르는 감정을 억제하는 것이다. 모든 감정은 일시적이고 시간이 지나면 사라지기 마련이라는 사실을 명심해야 한다.

7장

이상화 :
완벽한 사람을 믿고 싶은 마음

> 그녀와 손이 닿는 순간 알았어요. 마치 집에 돌아온 것 같았죠……. 하지만 그때까지 내가 알았던 집이 아니었어요. 그냥 차에서 내리는 그녀의 손을 잡아줬을 뿐인데, 알았어요. 그건 마치…… 마법 같았죠.
>
> —〈시애틀의 잠 못 이루는 밤Sleepless In Seattle〉

분리는 복잡한 감정이나 상충하는 태도와 관련된 애매모호함을 해결하는 수단이 된다. 분리는 우리가 사람들을 인식하는 방식에도 영향을 준다. 예를 들어 전쟁이 터지면 적국의 군인은 아주 나쁜 사람, 우리나라 군인은 극도로 좋은 사람이 된다. 그 결과, 적을 증오하고 우리 영웅들을 이상화idealization하는 경향이 생긴다. 이 장에서는 이상화가 종종 분리를 동반하며 그 자체로도 방어기제 역할을 한다는 사실을 알게 될 것이다.

이상은 완벽, 아름다움, 탁월함의 기준이며 이상화란 평범하거나 인간적인 것을 완벽함의 경지로 끌어올린다는 의미다. 대부분의 사람들은 이 과정을 직관적으로 이해한다. 이상화로 비현실적인 희망이나 기대를 품고 있다가 환멸을 느끼는 경우는 매우 흔하다. 가장 쉬운 예가 연애다. 새로운 연애를 시작할 때에는 상대가 성격이든 외모든 흠이라고는 전혀 없는 완벽한 사람처럼 보인다. 시간이 지나고 이상화가 시들해지면 상대의 본색이 보이기 시작한다. 환상이 심하게 깨지면 관계 자체가 끝나버릴 수도 있다.

우리는 다른 사람뿐만 아니라 경험이나 자기 자신을 이상화하기도 한다.

경험을 이상화한다는 건 어떤 경험이 우리를 완벽하게 만족시키거나 모든 문제를 해결해줄 거라고 믿는다는 뜻이다. 예를 들어 이러이러한 일이 벌어지기만 하면 만사형통일 텐데, 하고 끊임없이 믿는 사람이 있다.

자기 자신을 이상화한다는 건 자신에게 결점이나 심리적 문제가 전혀 없다고 믿거나 자신의 문제나 결점을 실제보다 줄여서 생각한다는 의미다. 자신의 내적 손상에 무의식적인 수치심을 갖고 있는 나르시시스트는 스스로가 자신이 질투하고 선망하는 대상인 완벽하고 아름다운 사람이라고 믿으려 필사적으로 노력한다.

이 장에서는 이 세 가지 형태(다른 사람, 경험, 자기 자신)의 이상화에 대해 이야기하려고 한다.

방어기제로서의
이상화

이상화가 방어기제로 사용될 수 있다는 사실이 처음엔 와닿지 않을 것이다. 친숙한 심리학적 개념이긴 하지만 그게 어떻게 방어기제가 된다는 걸까? 이상화는 우리가 고통을 피하기 위해 스스로에게 하는 거짓말을 어떤 방식으로 구현할까?

분리가 애매모호함의 문제, 즉 불확실성과 양가성의 고통을 단순화하듯 이상화는 무의식중에 느끼는 견디기 힘든 절망과 고통에 대해 단순한 해결책을 제시해준다. 쉽게 연애를 시작했다가 끝내고 성급하게 훅 빠졌다가 씁쓸하게 환상에서 깨어나는 친구가 있는가? 그 친구는 새 연애가 틀어질 때마다 우울해지는 경향이 있을 것이다. 그 우울증이 실망감에서 비롯된 것 같지만 실은 예전부터 쭉 그 사람 안에 있던 것이다. 우울한 감정에 대한 방어기제로서 이상화가 제대로 작동하지 못한 탓에 피하려고 했던 그 감정을 느끼고 만 것이다.

이렇듯 어떤 사람들은 일종의 감정적 항우울제로서 연애의 마약 같은 효과에 기댄다. 그들은 연애 상대와 진정한 감정이나 친밀함을 거의 나누지 않는다. 그들은 오직 사랑에 빠졌을 때 느끼는 도취감을 갈망한다. 그걸 고통과 우울증에서 달아날 탈출구로 삼는 것이다. 새로운 연애가 끝나고 사랑에서 빠져나오면 치유하고 싶었던 감정이 되살아난다.

이런 상습적인 연애 기복은 우리가 조울증(나는 이 용어가 좀 더 묘사적이고 유용하다고 생각한다)이라고 부르는 양극성장애 같은 감정 기복을 연상시킨다. 사실 조울증과 상습적 연애 모두 견디기 어려운 고통에서 탈출하기 위해 이상화된 정신상태, 즉 사랑의 열병이나 조증으로 도피하는 것이다.

경조증hypomania(문자 그대로 해석하자면 '조증보다 아래'라는 뜻이다)이라는 용어를 들어본 적 있을 것이다. 이 증세는 조울증에서 나타나는 조증 상태만큼 극단적이고 위험하진 않지만 그 성질이 비슷하다. 이상화된 낭만적 사랑은 견디기 어려운 우울증을 치유하려고 생겨난 일종의 경조증에 해당한다.

이선 이야기

이선은 20대 중반의 작가 지망생으로, 가벼운 조울증을 앓고 있었으며 쉽게 사랑에 빠지고 쉽게 사랑이 식는 타입이었다. 며칠씩 가끔은 몇 주씩이나 우울증이 너무 심해져서 겨우 출근만 할 때도 있었다. 밤과 주말에는 집에 처박힌 채 글도 못 쓰고 텔레비전만 봤다. 그러다 우울증에서 벗어나게 해줄 새로운 연애를 찾아 집에서 뛰쳐나가 술집이나 댄스 클럽으로 향했다.

새로운 사람을 만나면 그 열병이 주는 도취감이 연애가 끝날 때까지 며칠이나 몇 주 동안은 계속됐다. 이선은 늘 상대를 이상화해서 있지도 않은 장점을 갖다 붙이고 그들의 본색은 모른 체했다. 어쩔 수 없이 현실을 깨닫고 나면 환멸에 빠져 관계를 끊고 도로 우울증 상태로 돌아가버렸다. 오랫동안 이선은 우울증의 근본적인 원인을 직시하지 못했다. 자신이 원하는 모든 것을 노력 없이도 가져야 한다는 기대감이 강력하고 파괴적인 분노를 부채질하고 있었다. 그는 연애라는 마법의 치유제를 찾아다니면서 그 약효가 떨어지면 상대를 갈아치웠다.

이상의 문화적 이미지

사랑을 찾아 헤매는 정도는 덜해도 이선 같은 사람이 주변에 한 명쯤은 있을 것이다. 아니면 당신 자신이 상습적인 연애를 하는 당사자일지도 모른다. 우리 문화는 사랑의 이상화된 이미지와 그 행복한 결말을 끊임없이 보여준다. 마치 연애만 제대로 하면 만사 해결인 것처럼. 많은 사람이 그런 사랑의 정점으로 완벽한 결혼을 기대한다.

할리우드 영화, 특히 로맨틱 코미디는 완벽한 사랑의 이미지를 쏟아낸다. 엄청나게 매력적인 사람들이 사랑에 빠지고 그들을 가로막는 장애물과 싸워 이긴 뒤 함께 말을 타고 달려가 석양을 바라본다.

이상화된 낭만적 사랑에 목을 매는 이유는 완벽한 상태, 모든 문제의 최종 해결책, 고통과 괴로움의 끝을 원하기 때문이다. 일종의 마법을 믿는 것이다. 이 장의 서두를 연 〈시애틀의 잠 못 이루는 밤〉의 대사에도 분명히 드러나 있다. 마지막 장면에서 샘이 마침내 애니의 손을 잡을 때 관객들은 이 접촉이 마법이며 새로 탄생한 연인이 오래오래 행복하게 살 거라고 믿는다.

이상화와 분리

낭만적인 사랑의 이상화는 분리 과정에 의지한다. 사랑하는 사람에 대한 양가감정이 생기면 진실한 사랑과 모순되는 모든 감정과 의구심을 분리해낸 다음, 보통은 투사projection(다음 장의 주제)를 통해 제거해버림으로써 문제를 해결한다. 상습 연애꾼은 최대한 오래 완벽함의 환상에 매달린다. 그러다가 마침내 현실에 눈을 뜨면 전에는 어떤 흠도 없었던 상대가 갑자기 무가치한 존재로 보인다. 완벽했던 사람이 천하의 쓰레기가 돼버린다.

이상화된 낭만적 감정을 사랑이라는 이름으로 부른다 해도 그건 장기적인 관계로 발전하는 사랑과는 거의 닮지 않았다. 많은 사람이 낭만적인 사랑을 다른 형태의 사랑과 구분하기 위해 사랑에 빠졌다는 표현을 사용한다. 낭만적인 사랑은 대상을 이상화하는 반면, 좀 더 현실적인 형태의 사랑은 상대를 바라보는 시선이 복합적이어서 신경에 거슬리는 성격, 화를 불러일으키는 행동까지 파악한다. 이상화된 낭만적 사랑에는 그런 힘겨운 감정이 끼어들 틈이 없다.

다른 한편으로 연애 초기의 이상화는 가끔 쓸모가 있다. 수년 전 내 심리치료사가 말하기를 그런 낭만적인 감정은 낯선 사람과 가까워지는 데 따르는 불안감을 극복할 수 있게 도와준다고 했다. 잘 모르는 새로운 누군가에게 큰 영향을 받게 된다는 건 너무나 두려운 일이다. 두려움이 지나치게 커서 그 경험을 완전히 회피하고 상대에게 가까이 다가가지 않는 사람도 있다. 방어기제로서의 낭만적 사랑(이상화)은 그 두려움을 극복할 수 있게 도와준다.

이상적인 사람과의 완벽한 낭만적 사랑을 꿈꾸기보다는 자신이 꽤 좋은 사람과 만나고 있음을 깨닫는 것이 관계를 오래 이어나가는 비결이다. 그러면 어느 순간 콩깍지가 벗겨져도 상대에 대한 현실적인 평가를 바탕으로 진정한 친밀한 관계를 만들어나갈 수 있다. 내적·외적 진실을 감당하지 못해 좀 더 강력한 방어기제로 이상화를 사용한다면 결국엔 환상에서 깨어나 절망하고 우울증에 빠지게 된다.

영웅과 유명인

우리는 유명 인사, 특히 유명 운동선수나 영화배우도 이상화하는 경향이 있다. 그들을 우리와 같은 평범한 인간으로 보지 않고 완벽한 존재로 격상한다. 그들은 우리의 이상을 구현하는 영웅이 된다. 또는 스타로서 우리가 흔히 겪는 시련에서 자유로운 부러운 인생을 산다.

얼핏 보면 이런 유형의 이상화는 전혀 방어기제처럼 보이지 않는다. 스타를 이상화하는 것이 고통을 피하기 위해 스스로에게 하는 거짓말과 무슨 상관이란 말인가? 극도로 강력한 방어기제라고 할 수는 없지만 여기에는 일종의 자기기만이 관련된다. 어떤 사람들은 운이 좋아서 고통과 상실, 좌절이 없는 인생을 산다(고 우리는 스스로에게 말한다). 설사 고통을 겪는다 해도 우리의 고통과는 질적으로 다르다. 그들은 유명하니까 그들의 고통마저 고상하며 심지어는 부럽기까지 하다. 우리는 평범한 인간 조건으로부터 도피하는 수단으로 유명 인사를 숭배한다.

유명 영화배우와 운동선수의 인생은 동네, 고등학교, 기업에서 다 함께 나눌 수 있는 가십거리를 제공해주기도 한다. 우리는 따분한 일상에서 벗어나 화려한 그들의 인생에 잠시나마 끼어들어 어느 정도 대리만족을 얻는다. 또 다른 한편으로 우리는 그 유명인이 아무리 부러워도(대개는 무의식적으로) 그 이상적인 인생이 절대 우리 것이 될 수 없음을 잘 알고 있다. 이런 이유 때문에 우리는 그들의 몰락을 남몰래(가끔은 드러내놓고) 즐긴다. 배신, 학대, 험악한 과정을 거친 이혼이 표지 기사로 실린 연예계 가십 신문이 수백만 부씩 팔려나가는 이유다.

경험의 이상화

어떤 일이 일어나기만 하면 행복해질 거라고 믿는 사람은 실제로 겪고 있는 어려움을 해결하지 못할 것 같은 기분 때문에 미래의 일을 이상화한다. 그 어려움은 외부 문제일 때도 있지만 내면의 문제인 경우가 더 많다.

나 자신도 특정 경험을 이상화하는 경향이 꽤 강했고 지금도 그럴 때가 있다. 내가 어렸을 때 우리 가족은 모두 함께하는 일이 드물었고 있었다 해도 그리 행복하지 않았다. 우리가 함께 보낸 휴가라고는 주말을 끼고 사흘간 세쿼이아국립공원에서 캠핑을 한 것과 캘리포니아에서 텍사스에 있는 외가까지 지루한 드라이브를 한 게 전부였다.

아이들이 생긴 후에 나는 우리 가족의 휴가에 터무니없이 이상화된 기대를 품고 있었다. 마치 이 여행 하나로 모든 게 해결될 것처럼, 완벽한 가족 여행이 내 어린 시절을 보상해줄 것처럼. 가족 여행에서 찍은 사진을 보면 우리가 여전히 껄끄럽고 사이 나쁜 가족이라는 사실을 깨닫고 가라앉기 시작한 내 기분이 훤히 다 보인다. 아직도 내 아이들은 내가 완벽한 가족 여행에 대해 품었던 이상화된 환상을 놀려댄다.

비슷한 방식으로 휴가를 이상화하는 사람이 많다. '하와이에 가기만 하면 모든 게 멋질 거야.' '여기 끝내주잖아! 여기서 계속 살면 행복할 텐데.' 안타깝게도 휴가는 끝이 난다. 결국 휴가는 불행의 완벽한 해독제가 될 수 없고 우리는 불완전한 인생과 내적 문제로 되돌아간다. 가상의 미래로 투사되는 이상화된 경험을 열거하자면 끝도 없다. 직업을 바꾸기만 하면, 다른 도시로 이사하기만 하면, 평면 텔레비전을 사기만 하면…… 모든 게 해결될 거야.

낭만적 사랑과 마찬가지로 이런 종류의 이상화가 불러일으키는 흥분은 감정적 항우울제 역할을 할 수도 있다. 곧 다가올 일을 한껏 기대하며 품는 열의는 고통스러운 다른 감정을 피하는 데 도움이 된다. 그 일이 일어나기만 하면 내외적으로 당면한 문제가 더는 존재하지 않을 테니까 걱정할 필요가 없어진다.

자기 자신의 이상화

심리적 손상에 대한 수치심과 절망이 깊으면 우리는 진실을 부정하고 일종의 변장술로서 이상적인 자아상, 자신이 어떤 사람인지에 대한 환상을 만들어낸다. '내가 엉망진창인 인간이라는 수치심도 절망감도 없어. 난 사실 다른 사람들이 우러러보는 우월한 인간이야.' 간단히 말해, 자기애적 방어기제다. 이 과정은 부정으로 시작돼 이상화에서 꽃 핀다. 나르시시스트는 자기 자신을 이상화하며 남들도 자기를 이상화하기를 원한다.

자기가 한 엄청난 일을 떠벌리는 사람이 주변에 한 명쯤은 꼭 있다. 정말 멋진 휴가를 보냈어, 파티에 갔는데 사람들이 나더러 대단하대, 운 좋게 아무개를 만났지 뭐야, 상을 받았어, 지난 인사고과에서 엄청 좋은 점수를 받았어 등등. 이런 얘기를 들으면 가끔은 그 사람이 부러웠을 테고 이것이 바로 그가 (무의식중에) 의도하는 것이다. 이 역학에 대해서는 다음 장(투사)에서 더 얘기하겠다.

나르시시스트들은 다른 사람들의 감탄과 질투로 자기 이상화를 유지한다. 나르시시즘은 수치심에 대한 주된 방어기제로 사용되기 때문에 이런 종류의 자기 이상화에 대해서는 11장에서 더 자세히 이야기할 것이다.

지금 가동 중인
방어기제는?

사람들은 내면의 또는 외부의 복잡한 문제에 대한 완전하고도 영구적인 해결책을 찾기 위해 이상화라는 기제를 사용한다. 이상화는 분리와 밀접한 관계에 있기 때문에 사랑과 증오, 좋음과 나쁨(완벽함과 무가치) 사이에서 오락가락하는 현상도 나타날 것이다.

욕구와 의존성

이상화를 방어기제로 많이 사용하는 사람은 의존적인 관계에서 생길 수밖에 없는 좌절과 실망을 잘 받아들이지 못한다. 그런 감정이 생기면 이상화하던 상대를 평가절하 하거나 심지어는 증오하기까지 한다.

연인이든 친구든 새로운 사람에게 열광하다가 환상이 깨져 관계에 아무런 가치도 없는 것처럼 느껴지는 악순환이 계속되고 있다면 이상화를 방어기제로 사용하고 있다는 증거일 수도 있다. 그룹 2에 가장 공감한 독자라면 이런 식의 방어기제에 의존하고 있을 가능성이 크다.

타인을 이상화하는 사람은 완벽한 친밀함을 바랄 때가 많다. 가끔은 '나는 너, 너는 나'의 경지까지 바라기도 한다. 껌딱지처럼 붙어서 모든 걸 함께하고 모든 관심사를 공유하는 연인이나 부부를 본 적 있을 것이다. 사랑에 빠지면 우주의 새로운 중심이 된 그 사람에게 모든 걸 바치면서 나머 인간관계는 소홀히 하게 된다. 다른 건 어떻게 되든 상관없이 늘 그 사람과 함께 있고 싶고 그 사람이 내 행복의 열쇠를 가진 것처럼 느껴진다. 이렇듯 하나의 관계에 모든 걸 투자하는 건 이상화의 한 형태다.

친구와 연인에 대한 비현실적인 기준을 가진 사람도 현실의 인간관계에 반드시 따라오는 좌절과 실망을 견디지 못해 이상화를 방어기제로 사용한다. 그들은 아직 만나지는 못했지만 그들의 기대에 완벽하게 부합될 미래의 친구나 애인을 이상화한다. 현실 속 사람들과 달리 가상의 친구나 애인은 절대 우리를 실망시키지 않고 절대 우리와 다른 것을 원하지 않으며 경솔한 행동으로 우리에게 상처를 주지도 않는다.

강렬한 감정

지나친 낙관주의와 절망 사이를 왔다 갔다 하는 조울증은 분리와 이상화 모두와 관련된다. 양극성장애의 기준에 딱 맞지는 않더라도 '하늘을 나는 듯한 기분'과 '땅으로 처박히는 기분' 사이를 오락가락하는 사람이 있다. 하루는 희망찬 인생과 미래를 꿈꾸며 세상 꼭대기에 있는 기분이다가 바로 그다음 날 별다른 이유 없이 쓰레기 더미에 처박힌 기분이 드는 건 대체 왜일까? 이런 의문이 든 적이 있다면 이상화가 가동 중일지도 모른다. 그룹 4에 공감하는 사람은 이상화에 의존할 확률이 높다.

새로운 취미나 직업, 다른 도시나 나라, 최신 아이폰 등에 혹했다가 흥미가 금방 식는다면 그리고 그로 인해 느끼는 실망감도 아주 강하다면 이상화가 가동 중이라는 신호일 수 있다. '이러이러한 일이 일어나면 만사 해결될 텐데.' 자기도 모르게 이런 생각을 하고 있다면 그 미래의 일을 이상화한 것이다.

코카인이나 메스암페타민 가루 같은 특정 약물을 남용하는 사람은 약에 취했을 때 경험하는 황홀감을 이상화하면서 해결할 수 없는 개인적인 문제나 견디기 어려운 고통에 대한 해독제로 여긴다. 고통을 견디지 못하는 사람은 극심한 운동으로 엔도르핀을 분비시키거나 스릴 넘치는 활동을 통해 아드레날린을 분출시키는 등 아주 다양한 방법으로 자가 치료를 한다. 마주하기 어려운 심적 고민에 대한 치료제로 이런 특정한 정신상태를 추구하고 이상화한다.

지금까지 이야기한 특징을 가진 사람은 진정한 우정을 쌓거나 친밀한 인간관계를 유지하기가 어렵다. 완벽한 상태만 바라다가 내면의 진실로부터 멀어지고 그래서 남들과 진정한 교감을 나누기 어려워진다.

자존감

무의식중에 수치심과 씨름하는 사람은 진정한 자존감의 대용으로 다른 사람들의 감탄을 끌어내려고 한다. 수치심과의 싸움이 힘겨울수록 이상적이고 부러운 사람으로 보이고픈 욕구도 강해진다. 그룹 5에 가장 공감하는 독자라면 자기 자신을 이상화하면서 자기가 모든 걸 가진 것처럼 보이려고 끊임없는 노력을 쏟아부을 것이다. 친구나 지인들보다 자기가 돈벌이, 지능, 외모, 직장이 더 낫다는 우월감이 강하고 그 우월성을 알게 모르게 드러낼 수 있는 방법을 끊임없이 찾고 있다면, 수치심이나 낮은 자존감을 피하기 위해 자신을 이상화하고 있다는 뜻이다.

이런 경향을 가진 두 사람이 연애를 하면 남들에게 이상적인 연인 관계로 비치기 위해 애쓴다. 그들의 관계는 각자가 갖고 있는 자아상의 연장선이 된다. 두 사람은 감탄과 부러움의 대상이 되고 싶다는 똑같은 소망을 품고 있다. 서로를 이상화하면서 수치심을 피하려고 애쓰는 상대의 방어를 돕는다.

그룹 6에 가장 공감하는 독자는 다른 사람들을 이상화하면서 자신을 폄하하는 경향이 있다. 그들은 극단적인 흑백논리로 생각한다. '다른 사람들은 이렇게 완벽한 인생을 사는데 내 인생은 아무 가치도 없어.' 자기가 다른 사람이었으면 좋겠다는 생각을 자주 한다면 자기보다 훨씬 더 잘난 사람처럼 느껴지는 우상이나 영웅이 있다면 그들은 완전히 딴 세상에 사는 귀족이고 자신은 미천한 소작농인 것 같다면 이상화가 가동 중이라는 신호다.

유명인의 화려한 삶에 집착하고 있다면 이상화 경향이 있는 게 거의 확실하다. 이런 사람은 록스타, 배우, 방송인의 인생을 통해 대리만족을 느끼면서 고통으로 가득한 자신을 거부하고 고통 없는 이상화된 곳으로 탈출한다.

연습

1. 새로운 사랑에 빠지거나 연인에게 완전히 미쳐 있었던 때를 떠올려보자. 그 경험을 최대한 상세히 적어보라. 많은 사람이 공통으로 하는 경험이기 때문에 이상화된 정신상태의 전형적인 사례로 사용해보려 한다.

- 천하를 얻은 것 같은 무슨 문제든 다 해결할 수 있을 것 같은 기분이었는가? 예전의 고민이 갑자기 하찮게 여겨졌는가?
- 자신이 최고의 행운아처럼 느껴졌는가? 그 기분이 얼마나 멋진지 알면 다른 사람들이 부러워할 거라고 믿었는가?

그때의 감정을 최대한 상세하게 묘사해야 한다. 이런 격렬한 감정은 이상화가 가동 중일 때 뒤따르는 정신상태의 특징이다.

2. 누군가와 금방 친해졌다가 얼마 뒤 시큰둥해지고 결국엔 나쁘게 끝난 적이 있는가? 아마도 처음엔 연애를 새로 시작할 때처럼 그 관계에 완전히 몰두했을 것이다. 그 사람이 다르게 보이기 시작한 순간을 기억하는가? 그 친구가 당신을 하찮게 보거나 당신의 행동에 트집을 잡거나 전에는 개의치 않던 일에 짜증을 내기 시작했다는 느낌이 든 순간이 있었는가?

- 처음에 친구를 어떻게 생각했는지 써보라. 지금은 그 사람을 경멸하더라도 그때로 돌아가 초반에 느꼈던 인상을 떠올려보자. 오히려 그 사람의 장점을 과장해도 괜찮다.
- 이제, 그 사람에게 느끼는 현재의 감정을 적어보라. 앞서 장점을 썼을 때와 마찬가지로, 자신의 감정을 제대로 전달할 수 있는 강한 표현을 찾아보라.

지난 장에서 설명했듯 분리는 흑백논리의 세계관으로 이어진다. 이 연습은 이상화가 처음에는 상대의 단점을 못 보게 하다가 나중에는 평가절하로 바뀌면서 상대의 장점을 못 보게 한다는 사실을 일깨워준다.

3. 엄청나게 기대했던 어떤 일이 막상 닥쳤을 때 크게 실망했던 경험을 떠올려보자. 어쩔 수 없는 외부 상황 때문이었을지도 모르지만 이상화된 기대 탓도 있었을 것이다. 가능하면 기대가 가장 큰 문제였던 경험을 떠올려보자.

- 그 일이 실제로 일어나기 전에 어떻게 상상했는지 설명해보라. 당신에게 행복과 충족감을 주는 건 뭔지 잘 생각해보자. 당신이 원한 건 정확히 무엇이었는가?
- 이제 실제로 일어난 일과 그때의 감정을 적어보라. 기대와 현실로 나눠서 그 차이를 쭉 열거하면 좋다.
- 희망과 기대 때문에 판단력이 흐려져 현명하지 못한 선택을 한 적이 있었는가?

4. 우연히도 어떤 부자를 알아서 또는 친구와 지인들이 우러러볼 만한 어떤 유명인을 거리에서 마주친 뒤로 그의 이름을 마치 잘 아는 사람인 양 들먹이는가?

- 그 사람을 알아서 또는 어떤 접점이 있어서 당신의 지위와 가치가 올라간 것 같은 기분이 드는가?
- 친구들이 당신을 부러워하거나 당신이 아닌 자기들이 그 유명인을 봤으면 좋았을 거라고 생각하기를 내심 바랐는가?

이런 기분이었다는 걸 인정하기는 힘들 것이다. 자기 자신을 이러쿵저러쿵 평가하지 말자. 그때 했던 행동이 민망하게 느껴진다면 자기 자신을 이상화함으로써 수치심에서 벗어나려 애쓰고 다른 사람들도 당신을 이상화하기를 바라고 있었던 것이다.

5. 비슷한 맥락으로 자신의 좋은 점은 과장하고 나쁜 점은 숨기면서 가족과 친구들에게 자신의 이상화된 모습을 보여주려고 애쓴 적이 있는가? 가족에게 중대 발표를 하거나 친구들에게 아주 좋은 소식을 전했던 상황을 떠올려보자.

- 그런 모습을 보이지 않으면 인정받거나 존중받지 못할 거라고 느꼈는가?
- 새로운 소식을 알렸을 때 사람들의 반응은 어땠는가? 기뻐해줬는가? 누구라도 부러워하는 눈치가 보였는가? 찬물을 끼얹으려고 한 사람이 있었는가?
- 상황을 뒤집어서, 다른 누군가가 이상적으로 보이는 소식을 전하는 자리에 있었던 때를 떠올려보자. 당신의 기분은 어땠는가? 기뻤는가? 부러웠는가? 슬펐는가?

6. 상대를 가족과 친구들에게 자랑하고 싶었던 연애 초기를 떠올려보자. 이상적인 모습으로 보이려고 애썼는가?

- 지금 돌이켜보니 그 누구보다 매력적이고 호감 가고 카리스마 있는 사람과 연애하는 자신을 모두가 엄청난 행운아로 보기를 원했던 것 같은가?
- 지금 연애하고 있거나 결혼했다면 그 관계를 다른 연인/부부와 자주

비교하는가?

- 당신 자신의 연애든 다른 사람의 연애든 완벽하거나 또는 완벽에 가까워 보인 적이 있는가?

다음 단계

이제 이상화가 우리 삶에 중요한 역할을 한다는 사실을 알았을 것이다. 앞으로는 다른 사람들이 자신의 경험을 이야기할 때 이상적으로 미화하려고 애쓰고 있지는 않은지 귀를 기울여보라. 연애에 대한 자신의 희망과 기대를 점검하고 이상화가 어느 정도 가동 중인지 확인해보자. 이상이 무너져 실망했을 때 느껴지는 고통스러운 감정에 주의를 기울여보자. 그 감정은 실망감의 결과가 아니라 우리가 이상적인 뭔가를 찾아 헤매는 이유일 수도 있다.

연습 1, 연습 2를 통해 특정한 한순간, 예를 들어 이상화한 사람에게 홀딱 반한 순간에 느꼈던 감정이 늘 우리에게 진실을 알려주지는 않는다는 사실도 인지했을 것이다. 이 책의 목표는 당신이 억압했거나 부정했을지도 모를 감정과 마주할 수 있도록 돕는 것이지만 또 다른 목표가 있다. 자신의 감정에 건전한 의심을 품도록 가르치는 것이다. 자신의 감정을 늘 믿을 필요는 없다.

8장

투사 : 마음속 그림자를 타인에게 비추다

네 감정을 나한테 투사하지 마!

—거의 모든 사람이 하는 말

투사 역시 널리 알려진 개념이라 심리치료를 전혀 받지 않은 사람도 잘 안다. "투사 좀 그만해"라는 말을 심심찮게 들을 수 있다. 대개는 네 책임인데 딴 사람 탓하지 말라는 뜻이다. '똥 묻은 개가 겨 묻은 개 나무란다'라는 속담이 깔끔하게 이 개념을 포착해준다.

하지만 투사는 이보다 훨씬 더 폭넓은 현상으로 누구나 어느 정도는 투사를 한다. 또한 요즘은 그 용어가 워낙 흔하게 사용되다 보니 그 복잡성이 과소평가되고 있다. 투사에 대한 이해를 넓히기 위해 우선 투사를 조금 다른 시각으로 살펴보겠다. 원시적 형태의 기본적인 의사소통, 즉 부모와 자녀 사이에 최초로 이뤄지는 의사소통을 통해서 말이다. 일단 투사 대신 나쁘게 느껴지는 뭔가를 없애는 '비우기

evacuation'에 대해 생각해보자.

아기들은 어떻게 감정을 전하는가

다음의 표현을 생각해보자.

> 감정을 터뜨린다.
> 남에게 고민을 토로한다.
> 울분을 토한다.

모두 일종의 비우기를 의미한다. 우리는 격한 말을 쏟아내며 압박감을 덜고 친구에게 구구절절 불평을 늘어놓으면서 감정의 짐을 다른 사람에게 넘겨버린다. 고통스러운 감정을 남에게 떠넘겨서 거기서 벗어나고픈 바람 때문에 버릇처럼 감정을 터뜨리고 남을 탓한다. 이는 우리가 보통 사용하는 의미보다 더 넓은 의미의 투사다(즉, 뭔가를 없애고 있는 것이다).

말을 할 줄 모르는 아기들은 비명을 지르거나 크게 우는 것으로 고통스러운 감정을 없앤다. 그 과정에서 이 비워진(두사된) 고통은 양육자에게 괴로움을 안겨준다. 친구가 분통 터뜨리는 걸 듣고 나면 기분이 나빠지듯이 부모는 아이의 고통을 흡수해 아주 불쾌해지고 그 정도가 심한 나머지 가만히 있으면 안 될 것 같은 기분을 느낀다.

부모는 아기의 고통을 느끼고 그 의미를 이해하려고 애쓴다. 젖을 먹여야 하나? 기저귀를 갈아줘야 하나? 달래줘야 하나?

이렇듯 아기들은 아주 적절한 방식으로 자기의 견딜 수 없는 경험을 우리에게 비우거나 투사하면서 공감 반응을 불러일으키기 때문에 우리는 아기의 고통이나 불편함을 덜어주려고 애쓴다. 진화의 관점에서 보면 투사는 아기가 힘든 경험을 감당할(제거할) 수 있도록 돕는 최초의 방어기제일 뿐만 아니라 부모에게 양육반응을 자극하는 의사소통의 한 형태이기도 하다. 투사는 부모-자녀 관계의 일상적이고 정상적인 일부이며 다른 대부분의 관계에서도 간헐적으로 나타난다.

아기는 보살핌을 충분히 잘 받거나 부모가 감당할 수 없을 정도로 까탈스럽지 않으면 자신의 경험을 이해하고 인내하는 법을 배운다. 자라면서 자기 경험을 끊임없이 바깥으로 투사하는 대신 내부에 가둬놓고 스스로 감정을 감당할 수 있게 된다. 다시 말해, 양육자가 도와주면 아기의 견딜 수 없는 두려움과 고통, 불안은 점차 견딜 수 있는 것으로 변한다.

양육의 좀 더 현실적인 다른 부분들과 비슷하다. 시간이 흐르면서 아이는 나이프와 포크를 사용하고 옷을 입고 신발 끈 매는 방법을 배우기 때문에 부모가 대신 해줄 필요가 없다. 또 감정을 견뎌내는 방법도 배워서 부모의 도움을 계속 받지 않아도 된다.

투사는 삶의 일부

물론 이상적인 이야기다. 완벽하게 혼자 힘으로만 살아가는 사람은 아무도 없으며 우리는 투사를 완전히 그만두지 못한다. 많은 사람이 공감할 만한 일상적인 투사의 복잡한 예가 하나 있다.

나는 가끔 너무 지치고 피곤하면 사랑하는 이들에게 짜증을 잘 낸다. 엄청나게 거슬리는 짓을 한다고 몰아세우면서 딱딱대고 야단을 친다. 일부러 작정한 건 아니지만 주변 사람들은 결국 투덜이 같은 나 때문에 불편해진다.

진상을 얘기하자면, 나는 혼자 감당하기 어려운 불쾌한 감정에 휘둘리고 있었던 것이다. 자각 능력이 좋은 사람이라면 자신이 피로하거나 볼멘소리를 하고 있다고 인지하고 '잠을 못 자서 그래', '이번 주에 일을 너무 많이 해서 민감해진 거야. 다른 사람하고는 아무 상관없어'라고 생각할 것이다. 하지만 나는 내 경험을 바로 곁에 있는 사람들에게 투사하여 그들의 기분을 나쁘게 만들어버린다. 주변 사람에게 화를 낸다고 해서 불쾌한 기분이 완전히 사라지는 건 아니지만 약간은 속이 풀린다(보통 그 뒤에는 죄책감이 따른다).

때때로 직장에서도 비슷한 현상을 볼 수 있다. 누군가가 동료에게 이렇게 말한다. "오늘 부장님 기분이 저기압이니까 가까이 가지 말아요!" 권력자들은 자기가 힘들면 서열상 아래에 있는 사람들에게 그 고통을 가함으로써(투사함으로써) 조금이나마 기분을 푸는 식으로 직원들을 학대하기도 한다. 나는 대학원 학비를 마련하느라 소송 전문 변호사의 비서로 일하면서 재판 전날 밤 스트레스를 받은 변호사들이 동료와 비서를 함부로 대하며 괴롭히는 장면을 종종 목격했다.

'똥은 아래로 구른다'라는 말이 있다. 이를 투사의 한 유형으로 이해해도 무방하다. 나쁜 감정은 서열상 높은 사람에게서 낮은 사람에게로 전해진다. 이는 고통을 없애려는 심리적 방어기제이며 이런 유형의 방어기제는 효과가 없을뿐더러 유해할 때가 많다. 그리고 이런 식으로 행동하는 사람이 고통을 받고 있다는 사실을 기억해야 한다. 그는 고통에 휩싸여 그 감정을 남들에게 투사함으로써 없애려고 노력 중인 것이다. 무의식적인 차원에서는 누군가가 고통의 울부짖음을 알아듣고 도와주지 않을까 하는 희망도 품고 있을 것이다. 이젠 더 이상 부모의 보살핌이 필요한 아기가 아니지만 말이다.

우리는 자신의 고통을 없애는 하나의 방법으로 무의식중에 남들을 기분 나쁘게 만들려고 애쓰면서 그들에게 감정을 풀기도 한다. 누구나 한 번쯤은 자신이 아끼는 사람에게 감정을 푼 적이 있을 것이다. 스트레스를 받으면 감정에 휩싸여서 좀 더 어른스러운 대응기제를 사용하지 못하고 원시적인 형태의 방어기제인 투사에 의지하게 된다.

어떤 경험을 혼자서 견디지 못할 때 대신 떠맡아주는 것이 사랑하는 사람들의 (때로는 원치 않은) 역할일지도 모른다. 사랑하는 이의 (투사된) 짐을 떠맡는 것은 피할 수 없는 일이다. 가까운 사람이 이런 식으로 투사하고 있음을 인지하면 우리는 이해하고 그를 달래주려 애쓴다. 그러나 심한 스트레스나 아직 남아 있는 앙금 같은 나름의 이유로 그 투사를 견딜 수 없다면 공격받은 느낌이 들 것이다. 그러면 나쁜 감정을 되돌려주기 위해 애써 복수할 테고 그 결과는 투사 전쟁으로 치달을 것이다.

죄책감의 투사

더 넓은 현상으로서의 투사를 살펴봤으니 이제 우리에게 익숙한 의미로서의 투사에 대해 알아보자. 즉, 죄책감이나 양심의 가책을 부인하고 다른 사람에게로 돌리는 것 말이다.

예를 들어, 짐이 퇴근하는 길에 하기로 약속했던 일을 잊어버렸다고 가정해보자. 그가 집으로 들어가자 아내 스테퍼니가 "세탁소에서 찾은 옷은 어딨어?"라고 묻는다. 짐은 잊어버렸다고 순순히 인정하고 사과한다. 짐의 잘 잊는 버릇 때문에 아내는 넌더리를 내며 한숨을 쉰다. "내일 내가 가서 찾아와야겠네. 안 그래도 할 일이 산더미 같은데!"

짐은 갑자기 기분이 상해 발끈하며 아내에게 따진다. "이깟 일로 왜 난리야. 그래 내가 잊어버렸어. 그게 대수야? 당신은 늘 그렇게 남의 흠만 잡지."

처음에 짐은 책임을 시인하고 사과한다. 이런 상황에서는 대부분의 사람들이 죄책감을 인정할 수 있지만, 어디까지나 사과가 무조건 받아들여지고 책임을 완전히 벗게 됐을 때의 얘기다. 비난이나 보신 소리가 조금이라도 계속되면 죄책감을 견디기가 힘들어진다. 이럴 때 대개는 책임감을 거부하고 죄책감(양심의 가책)을 외부로 투사함으로써 없애려고 한다.

이 사례에서 짐은 그를 비난하는 스테퍼니에게 자신의 죄책감을 돌린 다음 아내를 나쁜 사람으로 만들어 형세를 역전시킴으로써 아내를 물리친다. 이제 그는 자신의 무심함에 더 이상 죄책감을 느끼지 않는다. 대신에 아내가 모질고 잔소리 많은 사람이라고 자책하게 만들려고 애쓴다. 짐은 자신에게 책임이 있음을 어느 정도 알고 있다. 투사 과정에서 사람들은 죄책감을 견디지 못해 스스로에게 거짓말을 한다. 당신이 나쁜 사람이야, 내가 아니라.

투사는 낭만적 사랑에서도 작동한다. 사랑에 빠진 누군가를 보고 이런 생각을 한 적이 있을 것이다. '대체 그 사람이 뭐가 좋다는 거야?' '눈이 삐었나?' 사랑에 빠진 사람은 마약에 취한 듯한 황홀감을 갈구하면서 열병과도 같은 감정, 완벽한 사랑에 대한 망상이 깨질까 봐 두려워서 상대방의 불편한 성격을 의식하지 않으려 애쓴다. 그래서 상대의 단점과 결함에 대한 인식이 분리되고, 종종 친구나 가족에게 투사돼 결국 그들이 모든 의심을 떠안아야 한다.

사랑에 미친 사람은 분리되어 나간 인식과 마주치지 않기 위해 친구나 가족을 피하거나 심지어 등을 돌리기까지 한다. 친구의 새 애인에 대해 불쾌한 사실을 발견하고 친구를 위하는 마음에 알려주려다가 오히려 안 좋은 소리를 들었던 경험이 있을 것이다. 스스로에게 거짓말을 하면서 진실을 회피하는 사람은 누군가 그의 눈을 열려고 하면 기분 나빠하고 심지어는 적대감까지 드러낸다.

성격이 돼버리는 투사

지금까지 견딜 수 없는 감정이나 마음에 들지 않는 진실을 다른 사람에게 투사하는 사례를 살펴봤다. 투사를 더 광범위하고 더 안정적으로 사용해서 투사가 아예 성격의 주된 특징이 돼버리는 경우도 있다.

전형적인 사례를 하나 보자. 아주 차분하고 지적이며 거의 초연한 한 남자가 있다. 그는 분석적인 사고를 하고 감정을 엄격히 절제하는 공학자, 변호사, 회계사 또는 과학자다. 나는 이런 남자를 여러 명 알고 있는데 그들은 극도로 감정적이고 애정에 굶주린 여성과 결혼하는 경우가 많다. 내 경험으로 볼 때 이는 익숙한 역학이다. 한쪽 배우자가 감정의 큰 조각을 떼어내서 상대에게 투사해 떠넘긴다.

난 애정에 굶주리지 않았어, 당신이 그렇지. 난 별로 고통스럽지도 두렵지도 않아, 당신이 그렇지.

물론 의식 밖에서, 즉 무의식에서 벌어지는 일이다. 투사 과정은 이 남성의 성격에 깊이 박혀 있으며 그가 견디지 못해 끊어내는 모든 감정을 대신 짊어지는 여성과의 결혼으로 계속 유지된다.

분리와 투사가 함께하면

6장에서 양가감정의 문제와 모순되는 감정을 단순화하거나 해결하기 위해 사용하는 분리에 대해 이야기했다. 우리는 상반되는 감정을 분리한 다음 보통은 그중 하나를 없애버리려고 한다. 분리와 투사는 양가감정에 대처하기 위해 힘을 합칠 때가 많다.

예를 들어, 내가 나의 분노와 공격적인 감정을 잘 견디지 못한다고 가정해보자. 내 가족은 그런 감정을 용납하지 않고 내가 당연히 좋은 사람이어야 한다고 생각한다. 사실 나는 좋은 사람이지만 별로 좋지 않은 사람이기도 해서 사랑스러운 충동과 적대적인 충동을 모두 갖고 있다. 그러나 적대감을 용납할 수 없을 땐 그 감정을 분리해낸다. 사회적으로 용인되는 사랑스러운 감정은 나, 적대적이고 공격적인 감정은 내가 아니다. 그래서 나 자신을 여러 부분으로 쪼갠 다음 그중 하나를 끊어내는데 밖으로 투사하는 방법을 자주 사용한다.

5장에서 얘기했던 젊은 여성 니콜을 기억하는가? 니콜은 잔인한 학교 친구들에게 괴롭힘을 당해 다친 새가 불쌍해서 눈물을 흘렸다. 동정심 많고 엄청나게 친절한 그의 페르소나는 그가 받아들일 수 없는 아주 가학적인 감정에 대한 반동형성이었다. 동시에 니콜은 가학적 감정을 구현한 아이들에게 그 감정을 투사했다. 아이들이 실제로 잔인한 행동을 하고 있었으므로 니콜의 투사가 정당했다고 말하는 사람도 있을 것이다. 우리 심리치료사들은 이를 '현실로 투사하기'라고 부르기도 한다.

약속을 잘 잊어버리는 짐과 아내 스테퍼니의 사례에서 짐은 양심의 가책을 스테퍼니에게 투사했다. 그의 눈에 스테퍼니는 사소한 일로 소란을 피우는 가혹한 재판관이다. 어쩌면 스테퍼니가 실제로 모질고 남을 잘 비난하는 사람일 수도 있다. 짐이 양심의 가책을 아내에게 투사할 때 스테퍼니는 그 투사가 먹혔다는 걸 확인해주는 듯한 반응을 보인다. 많은 부부가 이런 식의 갈등을 겪는다.

"왜 자꾸 나를 모진 사람으로 만들어?"

"당신은 늘 이런 식이지. 자기가 약속을 깨놓고 내가 화내면 잔소리 마녀라고 욕하고."

"투사 좀 그만해! 당신 행동이 후회된다고 왜 인정하지 못해?"

나는 전혀 화가 나지 않았는데 누군가가 계속 내게 화났느냐고 물어보면 결국엔 정말로 화가 나기 시작한다. 내가 모르는 뭔가를 그 사람이 알고 있을 수도 있지만 그가 자신의 분노를 내게 투사하고는 내게 존재하는 분노를 인지했을지도 모른다. 집요한 질문("나한테 화 안 난 거 100퍼센트 확실해?")은 투사된 바로 그 감정을 불러일으킬 것이고 그러면 방어기제가 성공했다는 일종의 (무의식적인) 확인이 이뤄진다.

다시 말해, 사람들은 투사를 방어기제로 사용할 때 자기가 끊어내버린 경험을 다른 사람들에게서 불러일으킬 말이나 행동을 함으로써 투사의 정당성을 입증하려고 애쓸 때가 많다(즉, 투사가 성공했다고 스스로를 납득시킨다).

투사와 불안감

가끔 견디기 힘든 감정을 투사하거나 비워낼 때, 그 감정이 뚜렷한 형태를 띠지 않고 외부에서 곧 닥칠지 모를 위험에 대한 이름 모를 불안감이나 두려움으로 느껴질 때도 있다. 불안장애를 앓고 있는 사람들을 치료하다 보면 자기가 투사했던 감정이 되돌아와 자기를 집어삼킬 거라는 두려움에 떠는 경우가 많다. 자신이 뭘 두려워하고 있는지 이해하지 못해서 더 겁이 날 수도 있다.

테레사는 여러 면에서 니콜을 닮았다. 내성적이고 말씨가 상냥해서 아주 순해 보였지만, 친절하게 들리는 말로 남들을 깔아뭉개는 데 아주 능숙했다. 많은 내담자가 그렇듯 테레사도 아주 혼란스러운 가정환경에서 자랐다. 그의 가족은 거의 유목민처럼 떠도는 생활을 했다. 어머니는 정서적으로 불안했고 아버지는 쌀쌀맞았다. 테레사는 세상이 안전한 곳이라고 느낀 적이 한 번도 없었다. 자라면서 거의 광장공포증 환자가 되어 심한 공황발작에 시달렸다.

상담을 통해 우리는 테레사가 감정의 상당 부분을 견디지 못하고 남들에게 투사했음을 알게 됐다. 테레사는 무의식중에 자신의 적개심이 너무 위협적이어서 그걸 계속 품고 있으면 스스로가 무너져 내릴까 봐 두려워하고 있었다. 그래서 그 적개심을 이른바 공기 중으로 내던져버렸다. 바깥세상이 점점 더 위협적으로 느껴지니 테레사는 자기가 내던져버린 것과 닿지 않기 위해 생활 반경을 점점 더 좁힐 수밖에 없었다. 가끔은 안전한 집에 있을 때조차 그런 감정이 의식 위로 올라오려고 해서 공황발작이 일어나곤 했다.

투사하고 끊어낸 적개심이 돌아올지도 모른다는 불안감을 강박적인 생각이나 충동적인 행동으로 줄이고 통제control하려 애쓰는 사람도 있다. 이런 방어기제에 대해서는 9장에서 얘기해보자.

투사와 수치심

대화 중에 자신의 수입(너보다 훨씬 더 많이 벌어), 자기가 아는 (하지만 넌 모르는) 유명한 사람, 방금 다녀온 (너는 절대 감당하지 못할) 멋지고 아주 비싼 여행, 자기와 사귀는 대단한 아무개, 얼마 전에 새로 산 차, 지난주에 참석했던 화려한 파티 등을 어떻게든 드러내려고 애쓰는 사람들은 좋아하기가 어렵다. 허세 심한 속물처럼 보인다. 그 사람과 만날 때마다 입에 쓴맛이 남고 기분이 영 나빠진다.

자신을 이상화하고 우월함을 과시하는 사람은 상대에게 자괴감을 불러일으키고 싶어 한다. 이것이 바로 그들 행동의 목적이다. 가끔은 고의적일 때도 있지만 상대가 자존심을 짓밟히고 열등감을 느끼게 만들려는 무의식적인 시도일 때가 더 많다. 승자처럼 보이고 싶은 욕망이 강한 사람에게는 자기에게 져줄 패자가 필요하다. 가끔 우리는 이런 사람을 시기하고 나중에는 그를 조롱하거나 깎아내리려고 한다. 때로는 증오마저 느낀다.

영화 〈내 여자친구의 결혼식Bridesmaids〉에서 헬렌은 이런 특징을 고스란히 갖고 있다. 부자와 결혼한 아름다운 사교계 명사인 헬렌은 자기가 아는 유명한 사람, 가봤던 멋진 장소, 최고의 식당에 대한 상세한 지식, 일류 디자이너, 쇼핑하기 좋은 장소, 결혼 축하파티를 하기에 좋은 곳, 즉 모든 것의 최고를 끊임없이 얘기한다. 특히 인생의 바닥을 치고 있는 들러리 애니에게 자신의 우월함을 과시한다.

애니는 헬렌을 미워한다. 헬렌 때문에 자신이 완벽한 낙오자처럼 느껴지니까. 영화의 결말 부분에서 애니가 정신을 차리고 자기혐오의 늪에서 빠져나오자 헬렌은 자기에게 친구가 한 명도 없고 아무도 심지어는 남편마저 자기와 함께 시간을 보내고 싶어 하지 않는다고 고백한다. 겉으로는 부족한 것 하나 없어 보이지만 사실 그의 사교생활과 결혼생활은 삭막하다. 자신이 패자처럼 느껴져서 애니에게 그 기분을 안겨주려 애썼던 것이다.

헬렌처럼 자신을 지나치게 과시하는 사람들은 열등감을 투사한다. 그들은 무의식적으로 상대의 자존감을 해치고 상대에게 시기심을 불러일으키고 상대의 완전한 열등함을 증명해 보임으로써 우월감을 느끼려고 한다. 이런 사람은 보통 경쟁심이 지나치게 강하다. 그들에게 세상은 딱 두 가지 유형의 사람으로 이뤄져 있다. 양극단에서 서로 얽매여 있는 승자와 패자.

그들은 자신이 패자라는 느낌을 다른 사람에게 투사함으로써 열등감을 피한다.

'넌 패자고, 난 승자야!'

지금 가동 중인 방어기제는?

인간 심리의 한 측면인 투사는 가지각색의 가면을 쓰고 나타나 거의 모든 고통스러운 감정을 방어하며 큰 활약을 하기 때문에 이 장의 내용은 서론에 불과하다. 투사는 아주 다양한 방법으로 나타난다.

욕구와 의존성

감정적 욕구와 나약함을 우리의 아기 같은 부분으로 생각하면 이해하기 쉽다. 책임감 있게 자기 역할을 다하고 스스로를 돌보는 사람은 어른스럽거나 부모다운 측면을 드러내면서도 자신의 욕구를 직접 채우거나 아니면 욕구를 충족시켜줄 적절한 사람을 찾는다. 다시 말해, 우리 안에는 부모와 아이가 뒤섞여 있다. 둘 중 어느 측면이든 다른 사람에게 투사될 수 있다.

결핍감을 견디지 못하는 이들은 아주 의존적인 사람을 친구나 배우자로 선택해 정신적 지주 역할을 떠맡기도 한다. 아무것도 필요 없어 보이고 남들이 부모처럼 의지하는 사람은 대부분 자기 욕구를 의식하지 않기 위해 방어기제를 사용한다.

그는 자신의 욕구를 부정하고 그것을 의식하지 않으려고 억압했을 것이다. 동시에 그 욕구를 다른 사람들에게 투사해 그들이 자기 대신 떠맡게 만든다. 그룹 1과 그룹 3에 가장 공감한 독자는 이런 유형의 투사를 사용하는 경향이 있다.

반대로 자신의 어른스럽거나 부모다운 측면을 남에게 투사해 책임을 떠넘기는 사람도 있다. 늘 일이 잘 안 풀려 부모나 친구의 도움을 받는 사람이 주변에 한두 명쯤은 있을 것이다. '봐요, 난 제대로 하는 게 하나도 없다니까요. 무능한 자식이니까 좀 챙겨줘요!' 그룹 2와 그룹 4에 공감하는 사람은 이런 식의 투사를 사용할 확률이 높다.

짐작하겠지만, '정신적 지주'와 '무력한 아이'는 서로에게 끌리고 서로를 보완하며 아주 안정적이지만 건전하지 않은 관계를 형성한다.

가정이나 일터에서도 비슷한 역학을 볼 수 있다. 부모와 성인 자녀 간에, 동료나 친구들 사이에서. 한쪽이 상대에게 훨씬 더 많은 걸 요구하고 심하게 의존하는 불균형적인 관계를 찾아보라. 완전히 성숙한 관계는 쌍방이 서로에게 의지해 자신의 욕구와 상대의 욕구를 함께 충족하기 때문에 상호 이득을 본다.

강렬한 감정

견딜 수 없는 감정을 투사할(떼어낼) 때 우리는 그 짐을 대신 떠맡아줄 사람을 찾는다. 약속을 잘 잊어버리는 짐이 아내에게 양심의 가책을 떠넘기는 것처럼 말이다. 투사는 때로 더 폭력적이거나 격한 형태를 띠기도 한다. 스트레스를 받으면 불같이 화를 내며 주변의 모든 이들을 힘들게 하는 사람이 있다. 그런 사람은 몇 살이든 상관없이 고통에 휩싸여서 그 감정을 없애려고 비명을 질러대는 아기나 마찬가지다.

그런 식으로 행동하는 사람이 주변에 있다면 그 느낌이 얼마나 불편한지 잘 알 것이다. 그와 함께 있으면 불쾌해지거나 스트레스가 쌓이거나 모욕감까지 느껴진다. 견디기 힘든 감정을 이런 식으로 없애는 버릇이 있다면 사람들이 피해 다닐 것이다. 자신이 친구들과 가족에게 버거운 사람이라는 느낌이 든다면 이런 유형의 투사에 의지하고 있어서일 것이다. 그룹 4에 공감한 독자라면 주의하시길.

주변 사람들이 아무런 이유 없이 당신에게 화를 낸다면 당신이 분노를 투사하고 있기 때문일지 모른다. 다른 사람이 죄책감을 느끼게 만드는 일이 잦다면 당신이 마주하고 싶지 않은 고통스러운 책임감을 피하고 있을지도 모른다. 그룹 3에 가장 크게 반응하는 독자라면 이런 식의 투사에 의지할 확률이 높다.

자존감

생색내고 자만하는 태도와 더불어 우월감, 경멸, 거만함이 심한 사람이라면 대개 수치심을 남에게 투사하고 있을 것이다. 경쟁심이 강해서 자기가 남들보다 더 매력적이고 더 출세하고 더 인기가 많아야 직성이 풀리는 사람도 마찬가지다. 그룹 5에 공감하는 독자는 이런 식의 투사를 많이 사용한다.

수치심을 느끼지 않으려고 사용하는 방어기제에 대해서는 11장에서 더 자세히 이야기할 것이다.

연습

1. 가까운 인간관계를 하나 선택해서 욕구와 의존성이 어떤 역할을 하고 있는지 생각해보자. 친구나 가족, 연인과의 관계는 괜찮지만 미성년 자녀나 신체장애가 있는 부모와의 관계는 제외하는 것이 좋다. 가능하다면, 한쪽이 상대에게 훨씬 더 많은 걸 요구하면서 의존하거나 한쪽이 불균형적으로 많이 베푸는 관계를 떠올려보라.

- 이렇게 된 데에는 외부적인 이유가 있는가, 아니면 당신의 성격 때문인가?
- 당신이 상대에게 매달리는 쪽이라면 그 입장에 있는 기분이 어떤

가? 상대방은 어떻게 당신을 대하는가?

- 상대가 더 매달리는 쪽이라면 이 불균형이 명백히 보일 때 상대에게 어떤 기분이 드는가? 너무 많이 퍼주고 별로 받지는 못한다는 사실이 신경 쓰이는가?
- 이 역할을 일부러 뒤집는 행동을 해보라. 예를 들어, 당신이 의존하는 쪽이라면 당신이 아주 관대하게 모든 책임을 떠맡고 상대는 그냥 따라오게만 하는 것이다. 아무런 대가도 요구하지 말고.
- 당신이 정신적 지주 역할을 맡고 있다면 친구나 배우자에게 뭔가를 부탁해서 전적으로 그들에게 의존해 욕구를 충족해보자. 4장에서처럼 무턱대고 부탁할 것이 아니라 가능한 한 자신을 무력하게 만들어야 한다.
- 자신의 감정에 주목하고 불편함을 느끼고 있는지 세심히 살펴보자. 안전지대를 벗어나 방어기제의 사용을 끊으려고 할 때는 강렬한 감정이 일어날 수도 있다.

2. 이번 연습은 불안감이나 공황발작에 시달리는 사람을 위한 것이다. 극도로 조심하지 않으면 나쁜 일이 벌어질 거라고 걱정하는 사람들, 강박적인 생각이나 충동적인 행동을 하는 경향이 있는 사람에게도 도움이 될 것이다.

- 정확히 무엇이 두려운가? 불안감의 고통이 끔찍이 싫겠지만 그 이면을 보도록 노력해보자. 불안감의 중심에 피하기로 작정한 특정 경험이 있는가?
- 최악의 악몽이 실제로 일어나는 시나리오를 상상할 수 있겠는가? 아주 상세히 적어보자. 불안감 외에 두려운 감정이 또 있는가?

- 재앙 시나리오를 계속 쓰다 보면 불안감이 더 커지기 시작할 것이다. 그러면 다른 공상으로 넘어가보자. 자신이 어떤 공격적인 활동을 하고 있다고 상상해보라. 신화 속 용과 싸우거나 당신에게 상처를 준 사람의 얼굴에 주먹을 한 방 날리거나. 상상 속에서 분노를 키워보자.
- 불안감과 분노를 서로 연결할 수 있겠는가? 이 두 감정이 어떤 식으로든 연결되어 있는가?

3. 다투다가 상대가 당신에게 죄책감을 불러일으키려는 것 같아서 방어적인 자세를 취했던 때를 떠올려보자. 그 일 때문에 아직도 조금 화가 난다면 이 연습이 도움이 될 것이다.

- 자신을 방어하고 상대를 모진 사람으로 만들고 싶은 충동이 강하게 일어나는가? 머릿속에서 상대와 다투는 것 같은 기분이 드는가?
- 그 일을 되돌아보면서 방어적인 기분을 잠시 떨쳐버리고 당신이 조금이나마 잘못했을지도 모르는 부분을 찾을 수 있겠는가? 죄책감이나 수치심이 느껴지는가?
- 그렇다면 당신이 저질렀던 해롭거나 무신경하거나 잘못된 일을 정확히 적어보자. 상대의 잘못은 언급하지 말고 당신의 행동만 생각해야 한다.
- 상대와 아직 연락하며 지내고 있다면 실제로 대화를 나누면서 당신이 책임져야 할 부분을 발하되 상대가 한 일이나 했어야 하는 일에 대해서는 한마디도 하지 말자.
- 당신의 감정과 역할의 변화에 주의를 기울여보라. 상대가 자신이 잘못한 부분을 인정하는가, 아니면 계속 당신에게 죄책감을 불러일으

키려고 하는가?

다음 단계

이 장의 연습은 당신이 자신에게 익숙해진 역할과 전형적인 행동에서 벗어나도록 격려하기 위한 것이다. 3부에서 방어기제를 해체하는 방법에 대해 자세히 논할 때도 얘기하겠지만 성격에 깊이 박혀버린 방어기제에 도전장을 내밀려는 노력이 아주 중요하다. 우리 성격의 방어적 측면은 우리 눈에 잘 보이지 않지만 우리 정체성의 중심부를 이룬다.

다음의 세 쌍을 보고, 자신의 인간관계가 일방적인 방식으로 이뤄지는지 점검해보자.

정신적 지주 — 무력한 아이

잔잔한 호수 — 롤러코스터를 타는 감정

늘 옳음 — 늘 망쳐놓음

꼭 이렇게 극단적으로 양분되는 건 아니다. 이런 역할은 미묘하게 작용하기 때문에 감지하려면 약간의 연구가 필요할지도 모른다.

우리는 결핍감, 강렬한 감정, 수치심 등을 없앨 때(투사할 때) 우리 대신 그것을 떠안을 사람을 찾는다. 이제 자신이 맺고 있는 인간관계에서 쌍방이 서로에게 뭔가를 투사하고 있는지 점검해보라.

9장

통제 : 무력감을 견디지 못해서 생기는 강박

> 나는 마음 내키는 대로 살고 원하는 걸 할 수 있는 평범한 기회만 있다면 아무것도 바랄 것 없는 평범한 사람이랍니다.
>
> —〈마이 페어 레이디My Fair Lady, 1964〉

유명한 행동주의 심리학자 B. F. 스키너B. F. Skinner는 굶주린 비둘기들을 새장에 가둔 다음 새장에 기계를 달아놓고, 새들이 뭘 하고 있건 간에 일정한 간격으로 먹이를 주는 실험을 했다. 그 결과 비둘기들은 먹이가 나올 때 자기가 하고 있던 행동과 먹이를 연결해 그 둘 사이에 무슨 인과관계라도 있는 듯 기괴해 보이는 행동을 의례처럼 반복했다. 그 행동을 하면 먹이가 나올 거라고 믿은 것이다.

스키너는 비둘기들의 이런 행동이 특정 행동을 하면 카드게임이 잘 풀린다고 믿는 인간들의 미신과 유사하다고 생각했다. 부족 문화에서 이런 유형의 미신은 아주 일반적이다. 많은 다신교가 신의 행위에 영향을 끼치기 위해 동물을 제물로 바친다. 현대 미국에서는 많은 프로야구 선수들이 타석에 나갈 때 미신적인 의례 행위를 한다. 미신은 어디에나 있다.

우산을 집 안에서 펴거나 사다리 밑을 지나가거나 검은 고양이와 함께 길을 건너면 불행한 일이 일어난다고 믿고 의식적으로 그런 행동을 피하는 사람이 많다. 고대인들은 재채기를 하면 영혼이 코를 통해 몸에서 빠져나가고 그 영혼을 악마에게 빼앗기지 않으려면 특정 주문을 중얼거려야 한다고 믿었다. 오늘날까지도 누군가가 재채기를 하면 많은 사람이 이렇게 말한다. "신의 가호가 있기를Bless you."

정말 중요한 일을 앞두고 친구에게 행운을 빌어달라고 부탁한 적이 있지 않은가? 친구가 소원을 빌면 결과가 달라지기라도 할 것처럼 말이다.

우리는 예측 불허의 세상을 정복하고픈, 그리고 어쩔 수 없는 상황을 우리 힘으로 통제하고 있다고 느끼고픈 갈망으로 미신을 믿는다. 두 손가락을 꼬면 행운이 온다고 믿으면 위로가 되거나 자신감이 높아질지도 모르지만, 사실 그런 행동은 스키너의 비둘기들이 먹이가 나올 때마다 하던 이상한 행동만큼이나 외부 사건에 아무런 영향도 끼치지 못한다.

무력감과 통제

무력감은 고통스럽고 힘겨운 느낌이다. 그런 무력감을 줄이기 위해 상황을 통제하려 애쓰는 건 자연스러운 반응이다. 토네이도가 잦은

지역의 사람은 대피용 지하실을 짓고 캘리포니아 주민은 집에 지진 대비 장비를 갖추고 있으며 루이지애나에서는 육군이 홍수에 대비해 제방을 관리한다. 이렇듯 우리는 예측할 수 없는 환경을 통제하기 위해 할 수 있는 일은 다 하지만 실은 큰 도움이 되지 않는다.

이런 사실을 계속 의식하며 살기는 어렵다. 다음에 무슨 일이 벌어질지 예측도 통제도 못 한다는 걸 의식하면 1초도 제대로 버틸 수 없다. 그래서 우리는 틀에 박힌 일상을 살고 특정한 전통을 반복하는 데서 위안을 얻는다. 반복적인 일상과 전통은 우리가 앞으로 일어날 일을 어느 정도 예측할 수 있다고 느끼게 해준다.

질서, 전통, 관례를 건전한 방어기제로 생각해도 좋다. 한 치 앞도 모르는 인생에서 실존적 불안감을 피하기 위해 우리 자신에게 하는 작은 거짓말. 하지만 이런 방어기제도 극단으로 치달으면 문제가 생긴다. 다람쥐 쳇바퀴 돌듯 무미건조한 일상 속에서 풍요로운 감정을 경험하지 못하게 된다.

이른바 결벽증 환자는 불안감에 대처하기 위해 주변 환경을 자기 뜻대로 쥐락펴락하려 하고 그래서 종종 주변 사람들을 미치게 만든다.

강박적인 의례 행위를 통해 통제력을 얻으려고 애쓰는 사람은 그것 때문에 고문을 받는 듯한 기분을 자주 느낀다.

가끔은 우리 감정의 예측 불가능성을 견디기 힘들 때도 있다. 왜 이런 감정을 느끼는지, 무엇이 그 감정을 부추기는지, 이 감정이 얼마나 오래 지속될지 알 수 없으니 두려워진다. 폭식과 구토를 의례처럼 반복하며 아주 통제된 방식으로 감정을 없애려 하는 사람도 있다. 수년 동안 나는 자해하는 여성을 여러 명 상담했다. 자해에는 복잡한 심리적 문제가 얽혀 있지만 그들 모두 자신의 고통을 통제하는 방법으로 손목 긋기를 이용했다.

'바로 지금 내 몸의 여기를 칼로 그으면 그 일이 언제 일어나고 내가 어떤 기분을 느낄지 내 뜻대로 할 수 있어. 이건 내가 원하는 한 계속될 거야.'

모든 방어기제가 그렇듯 통제는 견딜 수 없는 감정을 감당하는데 도움이 되기도 하지만 극단으로 치닫거나 너무 깊숙이 자리 잡아버리면 완전히 새로운 문제를 불러일으킨다.

의존성과 통제

누군가와 관계를 맺기 시작하면 그 사람은 우리에게 중요한 존재가 되고 우리 감정을 좌지우지하기도 한다. 사랑에 빠지면 애인에게는 우리를 상처 입힐 수 있는 어마어마한 힘이 생긴다. 친구들은 냉담함과 무심한 행동으로 우리에게 상처를 준다. 직장에서는 상사와의 관계가 걷잡을 수 없이 고통스러운 감정을 불러일으키기도 한다.

사람들이 결혼하는 한 가지 이유는 무서운 감정에서 벗어나 예측 가능성과 통제감을 얻기 위해서다. 요즘은 이혼율이 높고 결혼생활이 점점 더 빨리 끝나버리고 있으니 예측 가능하다는 느낌은 환상에 지나지 않는다고 주장하는 사람도 있겠지만, 대부분은 여전히 그런 느낌을 갈망하는 것 같다. 물론 감정적이고 생물학적인 다른 요인도 결혼 충동에 영향을 끼치지만 불확실성에 맞서 영구적인 관계를 바라는 욕망이 큰 부분을 차지한다.

배우자나 친구, 또는 동료에게 의지해도 된다고 믿고픈 마음은 자연스러운 것이다. 하지만 절대적인 확실성을 바라는 욕망이 극단으로 치달으면 강압적이거나 소유욕 강한 행동으로 이어진다.

배우자의 일정을 하나하나 다 알아야 직성이 풀리는 의처증 남편. 직원이 하는 일을 사사건건 단속하려고 하는 관리자. 당신의 인생에 대해 모든 것을 알고 당신이 하는 모든 일에 끼어들려고 하면서 당신을 독점하려고 하는 친구.

다시 말해, 다른 사람에 대한 욕구나 욕망 때문에 견딜 수 없는 무력감이 느껴질 때 우리는 그들을 통제하려 들기도 한다. 2장에서 언급한 브라이언을 기억하는가? 그는 고분고분한 여자와 결혼한 뒤 카메라를 몰래 설치해놓고 아내의 행동을 감시했다. 그는 아내를 통제하려 하고 소유욕도 강하지만 어쨌든 다른 사람과의 관계를 원하고 시작하긴 했다. 반면 유아기와 아동기에 남에게 의존하는 나약함이 위험할 수 있다는 걸 배운 사람들은 그런 취약성을 참지 못하기 때문에 차라리 혼자 외롭게 살면서 친밀한 관계를 아예 피해버리기도 한다.

은밀한 통제

주변 사람들을 통제하려고 적극적으로 시도하는 폭군 같은 사람이 있는 반면, 눈에 잘 띄지 않는 유형의 통제도 있다. 특히 자신의 무력함을 내세워 부모를 통제하려는 사람들이 있다. 그들은 겉으로 보기에는 극도로 의존적이고 무능한 것 같지만 부모를 자기 뜻대로 쥐락펴락하려는 환상을 은연중에 갖고 있다. 무력한 행동을 보이면 다른 사람에게 양육자 역할을 떠맡길 수 있고 그들을 조종해 감정적이든 금전적이든 필요한 도움을 얻어낼 수 있을 거라고 무의식적으로 믿는다.

다시 말해, 극도로 의존적이고 무력해 보이는 사람도 남들을 통제하려고 하는 사람만큼이나 남에게 의존하는 것을 참지 못한다. 양쪽 모두 의존성을 방어하지만 방법이 서로 다르다. 한쪽은 적극적인 통제를 시도하고 다른 한쪽은 남을 조종해서 통제하려는 눈에 보이지 않는 시도를 한다. 거의 아기처럼 아무것도 자기 혼자 못하는 듯 보이는 사람은 남들을 꼭두각시처럼 부릴 수 있다고 무의식중에 믿고 있을지도 모른다.

가장 먼저 떠오르는 유형은 무력한 여성이지만 그 외의 유형도 있다. 심리치료사 훈련을 받던 초기에 테리라는 젊은 남성 내담자가 있었다. 테리는 심각한 우울증을 앓고 있었고 금전적인 도움을 줄만한 연장자들과 어울리곤 했다. 당시 나는 상담료가 저렴한 상담센터에서 일하고 있었는데, 요금 차등제를 적용해도 상담비를 부담하기 어려웠던 그는 자신을 염려하고 불안해하는 내 마음을 이용해 공짜 치료를 받아내려 했다.

그가 직업을 잃어서 더는 상담비를 낼 수 없다고 말했을 때 나는 일주일에 몇 번 무료 상담을 해주겠다고 거의 합의할 뻔했지만 감독관의 도움으로 내담자와 나 사이의 통제역학을 이해할 수 있었다. 테리에게 최소 비용은 지불해야 한다고 알리자 그는 나를 자신의 양육자로 만들지 못했다는 사실에 분노했다. 나는 그를 상대하면서 많은 것을 배웠다. 특히 무력함을 내세워 남을 조종하려는 사람들이 사실은 남에게 의존하는 것에 대한 분노와 두려움을 갖고 있다는 것을 깨달았다.

나는 내 입장을 고수했다. 테리는 다른 일자리를 찾았다가 잃기를 반복했다. 시간이 지나면서 그는 한 직장에 진득하게 자리를 잡고 자신을 돌보는 법을 배워나갔다.

일상생활에서 많은 사람이 사소하더라도 이와 비슷한 드라마 같은 사건을 일으킨다.

집안일을 하기로 약속해놓고 다른 누군가가 그걸 대신해주지 않을까 하는 비밀스러운(그리고 아마도 무의식적인) 희망 때문에 잊은 적이 있는가? 일을 미루는 버릇에도 이와 똑같은 역학이 숨어 있다. 최대한 일을 질질 끌면서 다른 사람이 해주리라 기대하는 것이다.

곧 닥칠 금전적 위기를 오랫동안 무시하다가 막상 신경 써야 할 때가 되면 부모님에게 손을 벌린 적이 있는가?

집을 늘 지저분하게 해놓고 사는 남자는 계속 버티다 보면 어머니가 참지 못하고 청소해주지 않을까 하는 환상을 품고 있는 경우가 많다. (돼지우리 같은 곳에서 살아도 괜찮은 남자라면 상관없겠지만 말이다. 한편 자기가 어질러놓은 걸 다른 누군가가 치워주기를 무의식적으로 바라는 여성들도 있다.)

겉으로 보이는 무력함 이면에는 자신이 남에게 의존하는 것을 용인하지 못하고 은밀하게 남들을 통제하려는 환상이 숨어 있다.

자존감과 통제

누군가가 우리에게 중요해지면 그 사람은 우리의 자존감에도 영향을 끼친다. 내가 소중히 여기고 존경하는 사람이 나를 등지고 거부한다면 평소에 아무리 자신감 넘치는 사람이라도 자존감에 상처를 입을 것이다. 우리는 인간관계 때문에 더 강해지기도 하지만 더 쉽게 상처받고 다른 사람 때문에 자존감이 흔들리기도 한다.

우리는 사회적 동물이고 관계 속에서 성격을 드러낼 수밖에 없기 때문에 조금 알거나 아예 모르는 사람들까지 우리의 자존감에 영향을 끼칠 수 있다.

누구나 어느 정도는 남들의 시선을 신경 쓰고 자신의 최고 장점을 내세워 상대에게 좋은 인상을 주려고 한다. '나를 이런 사람으로 봐줬으면 좋겠어. 특히 이 점들을 눈여겨봐.' 특히, 좋은 인상을 주는 것이 중요한 면접 같은 상황에서 다른 사람을 이런 식으로 통제하려는 시도는 이해할 만한 일이다.

대부분의 사람들은 파티 같은 곳에서 처음 만난 사람에게 좋은 인상을 주려고 애쓴다. '내가 얼마나 출세했는지, 지난여름에 얼마나 멋진 유럽 여행을 다녀왔는지 얘기해줄게요. 하지만 내 딸이 대학을 중퇴해서 골치 아프다는 얘기는 안 할 겁니다.' 남들 앞에서 최고의 모습을 보이려는 욕구는 정상적이며 자연스럽다.

하지만 이 욕구가 극단으로 치달으면 선망의 대상이 되려는 치열한 노력으로 변질될 수 있다. 지나치게 과장하고 왜곡하다가 거짓말까지 하게 된다. 다시 말해, 심리적 방어기제가 되는 것이다. '나의 멋진 점만 봐. 내가 감당하지 못하고 있는 문제를 너(와 나)는 절대 못 볼 거야.' 남들이 나를 보는 시선을 통제하려는 방어적 노력이야말로 나르시시즘의 핵심이다.

지금 가동 중인 방어기제는?

무력함을 내세운 은밀한 통제를 제외하면 이 방어기제는 뚜렷한 특징을 갖고 있어서 감지하기가 그리 어렵지 않다. 자신의 경험을 어느 정도 통제하려고 애쓰는 건 자연스러운 일이지만 통제를 심리적 방어기제로 과도하게 사용하는 사람은 이런 평가를 듣는다.

'그 사람은 늘 남들한테 이래라 저래라야.'

'넌 왜 그렇게 깐깐하게 굴어?'

'넌 뭐든 네 마음대로 하려고 해.'

'모든 일이 그 사람 생각대로 굴러가야 해. 안 그러면 난리가 나니까.'

'결벽증 환자처럼 왜 이래!'

통제에 극단적으로 의존하면 흔히 그것이 성격이 돼버린다.

욕구와 의존성

어떤 사람은 자신에게 결핍감이나 의존성이 없다는 걸 확실히 하려고 노력한다. 그래서 극단적인 경우에는 친밀한 관계를 아예 피하며 외톨이로 지내기도 한다. "내 인생에 여자는 없다"라고 맹세하는 〈마이 페어 레이디〉의 헨리 히긴스처럼 누구든 중요한 사람이 될 정도로 가까이 두지 않는다. 괜찮은 상대가 나타날 때마다 자신과 어울리지 않는다며 내쳐버리고 누군가와 얼마 동안 사귀다가도 관계가 깊어질까 싶으면 바로 끝내버린다.

통제에 심하게 의존하는 사람은 자기 인생의 완벽한 주인이 되기 위해 다른 사람에게 절대 의존하지 않으려 하며 마음 내키는 대로 살고 원하는 걸 할 수 있는 권리를 지키려 한다. 인간관계에 무관심한 척하면서 절대 결혼하지 않겠다고 맹세하지만 사실은 무력감과 의존성에 대한 두려움을 피하고 있는 것이다.

'난 아무도 필요 없어.'

남들과 친밀한 관계를 잘 맺지 못한다면 다른 누군가가 감정적으로 중요해질 때 따라올 통제력 상실이 두려워서일지도 모른다. 마음이 연약해지면 자신의 감정을 예측하기 어려워질까 봐 겁이 나는 것이다. 이 방어기제가 극단으로 치달으면 친구나 가족과 멀어질 수도 있다. 내게 중요한 사람이 없으면 그 누구도 내게 상처 입히지 못한다. 그룹 1과 그룹 3에 가장 공감한 독자는 이 방어기제에 의존하고 있을 가능성이 크다.

정반대로, 새로운 관계에 금방 집착하고 상대를 자기 마음대로 통제하려는 사람도 있다. 나의 지인 한 명은 자기 자신을 아주 잘 파악하고 이런 말을 했다. "난 친구를 사귀지 않아, 인질을 잡지." 누군가를 만나자마자 그의 가장 친한 친구가 되고 싶어 하는 사람이 있다. 이런 사람은 독점욕을 보이면서 다른 친구들을 질투하고 상대를 소유하고 싶어 한다.

이런 역학은 분리불안 문제가 있는 가족관계에서 흔히 볼 수 있다. 자녀의 성장을 잘 받아들이지 못하는 부모는 자녀가 독립할 때 일어나는 감정을 견디지 못한다. 가까이 있지 못하는 데 따른 상실감, 아이들과 접촉하고 싶은 갈망, 예전만큼 아이에게 중요한 사람이 아니라는 섭섭함 등 이런 고통스러운 감정을 피하기 위해 부모는 자녀를 통제하고 곁에 두려 한다.

연애관계에서 소유욕은 상대와 떨어지는 걸 견디지 못할 때 나타난다. 남에게 의존하고 마음이 약해지는 게 너무 위협적으로 느껴지면 우리는 상대를 통제하려고 애쓴다. 질투심 많고 소유욕 강한 사람은 다른 누군가가 필요한 느낌을 용납하지 못한다. 자신이 견딜 수 없이 나약한 통제 불능의 인간으로 느껴지기 때문이다. 연인과 떨어져서 그 사람이 뭘 하고 있는지 모르면 아주 초조해진다. 그 감정을 감당하기 위해 어떻게든 상대를 통제하려 한다(그룹 2).

감정적인 문제를 끊임없이 겪고 그래서 자주 도움이 필요하다면 또는 당신 인생에서 중요한 사람들이 당신을 돌봐줘야겠다고 느낄 때가 많다면, 그들은 도움을 이끌어내기 위한 당신의 노력에 답하고 있는 건지도 모른다. 무의식중에 당신은 무력함을 이용해 그들을 통제하고 그들의 도움을 강요하고 있는 것이다. 약속했던 일을 자주 잊어버려서 주변 사람들이 뒷마무리를 해준 적이 많다면 또는 다른 사람이 끼어들 때까지 문제를 미뤄두는 경향이 있다면, 무의식적으로 주변 사람을 통제해 당신 대신 문제를 해결하도록 강요하고 있는 건지도 모른다.

강렬한 감정

감정을 감당하기 위한 수단으로 통제에 크게 의존하는 사람은 극도로 차분하거나 초연해 보인다. 그들은 변화라고는 거의 없는 아주 체계적인 생활을 한다. 그런 식으로 살면 언제 어떤 감정을 느낄지 정확히 알 수 있다고 믿기 때문이다. 판에 박힌 일상에 물들어 변화가 싫거나 예상치 못한 사건에 쉽게 심란해진다면, 예기치 않은 감정의 기습을 최소화하기 위해 통제에 의지할 가능성이 크다. 그룹 3에 공감한 독자에게 해당하는 얘기다.

감당할 수 없는 감정과 그로 인한 무력감을 통제하기 위해 강박적인 행동을 의식처럼 행하는 사람도 있다. 강박충동을 둘러싼 불안감은 자신의 경험을 통제하지 못할지도 모른다는, 강렬한 감정에 잠식될지도 모른다는 근원적인 두려움을 나타낸다. 그런 무의식적인 감정의 성격은 다양하지만, 강박적인 성격을 가진 사람은 그 감정을 의식하기 시작하면 견디지 못할까 봐 늘 두려워한다. 그들이 두려워하는 결과는 완전한 붕괴다. '그 소식을 듣고 내 마음이 산산이 부서져버렸어.'

의식적으로 통제할 수 없는 어떤 강박적인 행동을 계속하고 있다면 그 행동으로 막고 있는 무의식적인 감정이 통제에서 벗어날지도 모른다는 두려움을 느끼고 있을 것이다.

자존감

남에게 좋은 인상을 주고 싶은 건 자연스러운 욕심이다. 하지만 남들이 나를 보는 시선을 통제하려고 끊임없이 안간힘을 쓴다면 그

건 완전히 다른 문제다. 다른 사람에게 좋은 인상을 주고 그래서 그들을 쥐락펴락할 수 있는 방법을 궁리하느라 많은 에너지를 쏟아붓고 있다면, 의식적으로든 무의식적으로든 수치심을 피하기 위해 통제라는 방어기제를 사용하고 있는 것이다. 그룹 5에 가장 공감한 독자는 이런 유형의 통제에 의존하고 있을 가능성이 아주 크다.

자기비하를 하는 사람은 정반대의 방식으로 남을 통제하려고 한다. 자기를 깔아뭉개지만 실은 정반대의 반응을 이끌어내려고 하거나 심지어는 강요하는 것처럼 보일 때가 많다. '아니야! 그 옷 정말 잘 어울려!' 친구에게 이런 비슷한 말을 해준 적이 있을 것이다. '칭찬을 듣고 싶어서 자기 외모를 비하한 건가?' 하고 궁금해하면서 말이다. 가끔은 의도적일 때도 있겠지만 상대의 반응을 통제하려는 노력은 무의식중에 이뤄질 때가 더 많다. 이런 사람은 칭찬과 인정에 대한 갈망이 심한 나머지 상대방이 그렇게 해줄 때까지 가만히 기다리지 못한다.

그리고 수치심에 시달리는 사람은 남들이 자기를 비난하지 못하도록 미리 자기비하를 하기도 한다. '넌 내가 낙오자라고 욕할 수 없어. 내가 이미 그 점을 지적했으니까.' 상대를 조종해서 정반대 반응을 끌어내려고 애쓰는 것처럼 보이지만 실은 자기를 망가뜨릴 수도 있는 경험을 통제하려는 몸부림이다. 정말로 자기가 싫어서 자기비하를 하는지도 모르지만 그 편이 다른 사람 입에서 안 좋은 소리를 듣는 것보다는 낫다. 그룹 6에 공감했다면 이런 유형의 통제에 의지하고 있을 것이다.

연습

1. 당신은 미신을 믿는가? 바로 대답하지 않아도 되니 잘 생각해보길 바란다. "부정 타면 안 되니까 지금은 말 안 할래." 이런 말을 해본 적이 있거나 복권을 살 때 꼭 사용하는 행운의 숫자가 있다면 미신을 믿는 것이다. 자신을 운이 좋거나 나쁜 사람으로 여기는가? 그렇다면 이런 운을 좌지우지하거나 결정하는 건 뭐라고 생각하는가?

2. 자신의 생활을 돌아보고 일과의 중요성을 평가해보라. 다람쥐 쳇바퀴 돌듯 살고 있는가?

- 매일 반복하는 일과가 어그러지면 화가 나는가?
- 세워놓은 계획이 막판에 바뀌면 적응하기가 힘든가?

3. 자신은 그렇지 않다고 생각하는데 다른 사람들이 당신을 결벽증 환자라고 부른다면 며칠 동안 정리정돈을 하지 말자. 설거지를 다음 날로 넘기고 옷을 옷걸이 대신 의자 등에 걸쳐놓고 이부자리를 정리하지 말자. 그때 자신의 반응을 주의 깊게 살펴보고 감정을 묘사해보라. 깔끔한 정리정돈을 가능한 한 오래 미뤄보라.

4. 평소에 무슨 일이든 나서서 책임지고 가족을 대표해 이런저런 결정을 내리고 있다면 일주일 정도 다른 사람들에게 책임을 넘겨보라. 다른 사람들이 당신에게 결정을 부탁하거든 거절하라. 반대로 늘 남의 결정을 따라가는 사람이라면 단 며칠이라도 책임을 맡아보자. 최선이라는 확신이 없더라도 좀

더 결단력 있는 태도를 보여야 한다. 둘 중 어느 경우든, 이 익숙하지 않은 행동이 어떻게 불편한지 주의 깊게 지켜보라. 특히, 자신과 다른 사람들에 대한 감정의 변화에 주목해라.

5. 심한 무력감을 느꼈던 경험을 떠올려보자. 정확히 어떤 감정을 느꼈는지 회상하고 최대한 자세히 묘사해보라. 하나도 생각나지 않으면 통제 불능처럼 느껴질 두려운 상황을 상상해보고 시나리오를 써보자. 생생하게.

- 무력감이 느껴질 때 어떻게 위안을 찾았는가(또는 찾겠는가)?
- 통제 불능이라는 느낌을 줄이는 데 무엇이 도움이 되는가?

6. 친구, 가족, 배우자와의 관계에서 통제가 어떻게 작동하는지 살펴보자.

- 누가 어떻게 거의 모든 일을 결정하는가? 우두머리 행세를 하는 사람은 쉽게 눈에 띄겠지만 혹시 은밀히 남을 조종하는 수동적인 행동을 하는 사람은 없는지 확인해보라.
- 결혼을 했거나 연애 중이라면 성생활을 좀 더 주도하는 사람은 어느 쪽인가? 언제, 얼마나 자주 성관계를 할지 한 사람이 결정하는 경향이 있는가?
- 그렇다면 역할을 한번 바꿔보자. 당신이 주도하는 쪽이라면 배우자나 애인에게 결정권을 넘겨라. 당신이 수동적인 입장이라면 좀 더 적극적으로 성관계를 주도해보라.

다음 단계

지난 장과 마찬가지로 이 장에서도 평소의 역할에서 벗어나는 연습을 해봤다. 작동 중인 방어기제를 인지한다고 해서 저절로 변화가 일어나지는 않는다. 통찰력을 발휘하고 행동을 바꾸겠다고 결단해야 성장할 수 있다.

지금은 자신이 규칙적으로 하고 있는 일을 자세히 들여다보고, 거기서 벗어나면 어떤 느낌이 드는지 탐구해보자. 사소한 것부터 시작하는 게 좋다. 매일 아침 똑같은 음식을 먹고 있다면 다른 음식을 시도해보라. 매주 똑같은 텔레비전 프로그램을 보고 있다면 나가서 영화를 보거나 책을 읽거나 산책을 해보자. 가장 편하게 느껴지는 익숙한 일을 피하고 미지의 것과 마주해보라. 그리고 새롭게 느껴지는 감정에 주의를 기울여보는 것이다.

그런 다음 한 걸음 더 나아가 전혀 자기답지 않은 일을 해보자. 왠지 자신 없고 내 뜻대로 안 될 것 같은 일을 해보자(물론 위험한 일은 안 된다). 젊었을 때 나는 혼자 나가서 밥을 먹거나 영화를 보면 그렇게 불안할 수가 없었다. 이런 일을 찾아 용기를 내보자. 지금까지와는 다른 생활을 하고 변화를 만들려면 용기가 필요하다.

10장

사고 : 감정 대신 생각으로 버티는 사람들

하루에 두세 번 합리화하지 않고 지나가는 사람이 있을까. 합리화는 섹스보다 더 중요해.

—〈새로운 탄생The Big Chill〉

=많은 사람이 머릿속에서 자신과 대화를 나눈다. 많은 면에서 독백이 더 맞는 표현일 텐데 우리는 그걸 사고Thinking라고 부른다. 대부분은 이 머릿속 말의 흐름을 통해 자신을 지각 있는 존재로 인식한다.

'나는 생각한다, 고로 존재한다'라고 데카르트는 말했다. 우리 머릿속에서 끊임없이 흘러가는 말에서 자아감의 일부가 생겨난다.

생각은 건설적인 과정처럼 보이고, 실제로도 그렇다. 생각을 하지 않으면 세상사에 창의적으로 대응할 수 없고 새로운 것을 발견하거나 발명할 수도 없다. 또 생각이라는 걸 하면 실제로 어떤 행동을 취하기 전에 상상할 수 있기 때문에 중대한 실수를 피할 수 있다. 수많은 현인이 행동하기 전에 생각부터 하라고 조언했다.

'돌다리도 두드려보고 건너라.'

'말하기 전에 생각부터 해라.'

'성급하게 행동하면 두고두고 후회한다.'

이 모든 격언은 행동의 가상 형태인 생각이 고통과 후회에서 우리를 구해줄 수 있다고 말한다. 아마도 생각은 인간에게 가장 소중한 도구일 것이다.

하지만 가끔은 생각이 우리의 원수, 골칫거리, 심지어는 고통처럼 느껴질 때도 있다. 생각이 멈추지 않아 잠 못 든 적 없는가? 친구와의 다툼이나 중요한 진로 결정이 신경 쓰여 생각을 멈출 수가 없었던 적은? 생각은 아주 강력한 도구지만 끊이지 않는 생각은 고문처럼 느껴지기도 한다.

그리고 생각이 일종의 내적 대화, 우리가 자신에게 하는 중계방송 같은 거라면 이런 문제도 발생한다. 우리가 스스로에게 하는 말이 진실이 아니라면? 가끔 생각은 내적 거짓말이 돼서 우리를 추악한 진실에서 달아나게 하거나 고통스러운 현실을 은폐해버린다. 그렇다면 사고를 심리적 방어기제로 사용하고 있는 것이다.

이 장에서는 사고가 방어기제로 사용되는 두 가지 주된 사례인 합리화intellectualization와 주지화intellectualization에 대해 살펴보고, 사고 과정이 심리적 방어기제가 될 수 있음을 보여줄 것이다.

합리화

'착각 좀 그만해!'

'제발 현실에 눈을 떠!'

'넌 스스로를 속이고 있을 뿐이야.'

자기기만에 빠진 듯한 사람을 두고 우리가 하는 말이다. 그런 사람은 상황을 있는 그대로 보지 못하고 자기가 믿고 싶은 대로 믿어버린다. 우리는 이를 '소망적 사고wishful thinking'라고 부른다. 자기기만이라는 언어적 사고(말로써 이뤄지는 생각—옮긴이)가 거짓말을 돕는 심리 작용이다.

가끔 그 거짓말에는 어떤 감정이나 동기, 행동을 사회적으로 용인되거나 정당한 것처럼 보이게 만들려는 정당화가 뒤따른다. 다시 말해, 불편하게 느껴지면 핑계를 대는 것이다.

'음원을 불법으로 받아도 괜찮아. 난 가난한 학생이고 그 탐욕스러운 음반 회사는 돈이 무지 많으니까 전혀 상관없을 거야.'

우리는 자신의 행동을 완전히 책임지고 싶지 않을 때에도 변명, 즉 합리화를 한다.

'논문 점수가 이렇게 형편없게 나온 건 교수가 날 싫어하기 때문이야(내가 대충 써서가 아니라).'

또 스스로도 인정하고 싶지 않은 감정에 치우쳐 자신이 지지른 일이 완전히 합리적으로 보이게끔 논리적인 이유를 만들어내기도 한다.

'내가 새 옷을 산 이유는 파티에 입고 갈 옷이 하나도 없었기 때문이야(나를 차버린 전 애인이 파티에 올 거라는 소식을 듣고 아무렇

지도 않은 척 아주 멋지고 행복한 모습으로 나타나고 싶어서가 아니라).'

이 장 첫머리에 인용한 영화 〈새로운 탄생〉의 대사처럼 누구나 자신의 감정과 행동을 합리화한다. 합리화는 우리 일상의 일부이며 어느 정도의 자기기만 없이는 하루를 버티기가 힘들다. "결국엔 다 잘될 거야." 사람들이 상실감이나 후회를 피하기 위해 스스로에게 자주 하는 말이다. 흔히들 "모든 일에는 다 이유가 있어"라고 말하지만 사실 인생이란 대체로 예측 불허하고 변덕스럽다. 합리화는 우리가 사는 세상이 어떤 큰 계획에 따라 움직이는 질서정연한 곳이라고 느낄 수 있게 도와준다. 사실은 별다른 이유 없이 고통스러운 일이 벌어지는 변덕스러운 곳인데 말이다.

일상에서 합리화가 하는 중요한 역할이 또 하나 있는데, 바로 자존감을 높여주는 것이다. '내가 아니라 다이앤이 승진한 건 다이앤이 무자비한 야심가인 데다가 상사를 속였기 때문이야.' 다이앤이 나보다 더 유능하다는 사실을 받아들이기보다는 이렇게 믿는 편이 훨씬 더 기분 좋다. '브랜디가 나보다 데이비드를 더 좋아하는 건 그 남자가 돈이 많고 좋은 차를 갖고 있기 때문이야.' 브랜디는 그저 데이비드가 더 재미있고 매력적인 사람이라 좋아하고 있을지도 모른다.

이런 유형의 합리화는 그다지 강력한 방어기제가 되지는 못한다. 진실이 그리 깊숙이 파묻혀 있지 않기 때문에 도움을 조금만 받으면 (누군가가 비판이나 비난이 아닌 방식으로 진실을 들이밀면) 잠깐의 힘겨운 몸부림 끝에 진실을 받아들이게 된다.

주지화

합리화가 특정 사실에 대해 진실보다 더 그럴듯한 설명을 시도한다면 주지화는 모든 불쾌한 감정을 막아버리려고 한다. 합리화가 가끔 자기 자신을 속이는 악의 없는 거짓말이라면, 주지화는 계속 진행 중인 새빨간 거짓말로 불쾌한 감정은 거부하고 냉정한 생각만 취급한다. 합리화가 이따금 나타나는 개별적인 방어기제라면 주지화는 한 사람의 성격 전체에 스며들어 영향을 끼친다.

프로이트는 주지화라는 용어를 사용하지 않았지만 이성적이고 지적인 분석이 방어 목적으로 사용될 수도 있다는 걸 분명히 이해하고 있었다. 그의 딸 안나 프로이트는 자신의 저서 《자아와 방어기제 The Ego and the Mechanisms of Defence》에서 '사춘기의 주지화'라는 주제에 한 챕터를 할애할 정도였다. 안나 프로이트는 "그 시기에 지적·과학적·철학적 관심이 높아지는 것은 충동과 거기에 연관된 감정을 제어하려는 시도 때문"이라고 믿었고, 사춘기에 이뤄지는 그런 시도를 비교적 정상적인 일로 봤다.•

드라마 〈스타트렉 StarTrek〉을 보고 자란 세대라면 또는 재방송이나 영화판, DVD를 통해 그 드라마가 익숙한 사람이라면, 의식적으로 감정을 자제하고 어떤 상황에서든 강력한 지성을 발휘하는 스팍과 격한 감정에 자주 휘둘리는 커크 선장을 잘 알 것이다. 대중문화에서

• Anna Freud, *The Ego and the Mechanism of Defense* (1936); (London: Karnac Books, 1993), p. 172.

스팍만큼 주지화를 잘 구현하는 인물도 없다.

우리는 그런 사람을 '지적이다' 또는 '생각이 너무 많다'라고 표현한다. 내가 보기에는 주의attention와 우리가 그 주의를 어디로 돌리는지의 측면으로 생각하는 편이 주지화를 이해하는 데 유용할 것 같다. 자신의 경험을 주지화하는 사람은 머릿속을 지나가는 생각에 너무 주의를 기울이다 보니 자기 몸에서 일어나고 있는 일은 미처 알아채지 못한다.

몸의 감각에 주목하면 우리가 어떤 감정을 느끼고 있는지 인지하는 데 도움이 된다. 차오르는 눈물, 답답한 가슴, 떨리는 숨, 이런 감각은 우리가 슬픔을 느끼고 있음을 알려준다. 하지만 생각하느라 바쁘면 이런 감각을 알아채지 못할 테고 그래서 계속 자신의 감정을 알지 못한 채 지낼 수밖에 없다. 어떤 슬픔이 인식돼도 몸의 감각에서 생각으로 금방 주의를 돌려 달아나버린다.

다시 말해, 주지화란 감정을 알려주는 몸에서 무감정 지대인 지성으로 주의를 돌리려는 거대하고 고집스러운 노력이다.

조숙

주지화에 지나치게 의존하는 사람은 빨리 어른이 되고 싶어 하는 경향이 있다. 어리고 의존적이고 감정에 휘둘리면 위험하다고 느끼게 만드는 가정에서 자랐기 때문이다. 늘 그런 건 아니지만 조숙한 아이는 아이에서 탈출하기 위해 성숙한 척하며 감정 없는 지적 자아를 만들어내려고 한다. 부모가 크게 성공한 사람이고 자기 자식에게 거는 기대가 남다르면 그 자녀는 보통의 어린아이처럼 두려움과 변덕스러운 감정을 겪으며 성장할 여유가 없다고 느낀다.

그런 조숙한 아이들은 성인이 되면 자신이 사기꾼처럼 느껴질 수도 있다. 시험공부도 제대로 하지 않고 시험을 치르거나 사람들이 많은 곳에 알몸으로 나타나는 꿈은 그들이 두르고 있는 지적 교양이 가짜라는 무의식적인 두려움을 드러낸다. 그들은 말을 아주 유창하게 잘하고 개념을 능숙하게 다룰 줄 알지만, 자신이 겉으로만 어른이 됐을 뿐 그 이면에는 나약한 아이나 아기가 숨어 있는 것처럼 느낀다.

수년 전 한 내담자가 내게 들려준 꿈 이야기는 주지화와 그것이 방어하고 있는 것을 간단명료하게 설명해준다. 꿈속에서 그는 흰 실험실 가운을 입고 머리에는 사각모를 쓰고 큼직한 검은 테 안경을 끼고 서 있는 한 형체를 봤다. 그런데 그 사람은 가운 속에 기저귀를 차고 있었다. 이렇듯 초연하고 과학적인 지성은 의식 아래에 있어 마주하기 두려운 어린 감정으로부터 달아나는 탈출로가 돼주기도 한다.

무슨 일에든 별로 열정을 느끼지 못하고 늘 객관적이고자 애쓰는 스팍 같은 사람, 아주 지적인 시각으로 세상을 바라보는 사람이 주위에 한 명쯤은 있을 것이다. 이런 사람은 자신의 예측 불허하고 건잡을 수 없는 감정을 무의식중에 두려워하고 있어서 생각이라는 무감정 지대로 달아나버린다.

사고는 어떻게
방어기제가 되는가

가짜 성숙의 경우, 아이는 자신이 어리고 무력하고 미숙하다는 사실을 부정하고 조숙한 지적 성장에 몰두한다. 그래서 지적·언어적 능력이 아주 일찍 발달하지만 진정한 경험으로 비롯되는 성장과는 동떨어져 있다. 지적 능력은 방어기제로서 기능할 뿐이다. 말은 마치 생명을 가진 듯 스스로 존재하고 자라며 고통을 막아내거나 없애는 마법의 힘이 있는 것처럼 느껴질 때가 많다.

우리 가족 사이에 전해져 내려오는 이야기에 따르면 나는 말을 시작했을 때 유아어를 쓰거나 더듬거리지 않고 완전한 문장을 구사했다고 한다. 내 심리치료사는 어리고 미숙한 느낌에 대한 내 안의 증오를 그런 식으로 표출한 거라고 말했다. 조금씩 성숙해나가는 기나긴 과정을 거치지 않고 곧바로 어른처럼 말하고 싶었던 거라고 말이다. 나의 조숙한 언어 구사력은 무시무시한 힘으로 나를 짓누르고 있던 어머니의 우울증에 대한 반응이기도 했다. 나는 말과 언어를 정복함으로써 자신감을 찾았다. 내게 사고는 (나뿐만 아니라 어머니의) 견딜 수 없는 고통과 혼란으로부터 탈출하게 도와주는 도구였다.

그 결과 나는 늘 말솜씨가 지나치게 유창했고 머릿속에서 끊임없이 이어지는 말 때문에 생각이 너무 많았다. 학창시절에는 수준 높아 보이는 글을 썼고 개념을 설득력 있게 다루는 능력도 뛰어났지만, 그 말과 생각은 내 개인적 경험과는 동떨어져 있었고 오히려 그것을 부정했다.

나를 찾아오는 내담자 가운데는 이와 비슷한 방어기제를 사용하는 사람이 많다. 자신의 경험을 깊이 이해하고 있는 것처럼 말하지만 왠지 딴 사람 얘기처럼 들릴 때가 있다. 바로 사고가 방어기제로 작동 중이라는 신호다. 이들에게 이해는 진실을 찾기는커녕 그 고통스러운 부분을 피하는 데 사용된다. 허울만 그럴듯한 생각과 주장으로 계속 스스로를 속이며 진실을 숨기려는 일종의 내적 궤변이라 할 수 있다.

언어적 사고는 가끔 우리 의사와 상관없이 제멋대로 움직이고 견딜 수 없는 감정을 계속 방어하면서 골칫거리가 되기도 한다. 수많은 내담자가 끊이지 않는 생각 때문에 잠을 이룰 수 없다며 불만을 토로한다. 많은 유형의 불면증 뒤에 이런 역학이 숨어 있을 것이다. 강력한 방어기제가 대개 그렇듯, 우리 자신을 지키기 위한 수단으로 시작된 것이 하나의 문제가 돼버린다. 우리가 그토록 애써서 막아내는 고통은 정작 문제가 되지 않는다.

언어적 방어기제를 잠재우고 심적 고요를 찾는 데 무척이나 어려움을 겪는 이유는 대개 근원적인 고통이 크기 때문이다. 무슨 방어기제든 그걸 손에서 놓으면 오랜 시간 피해왔던 마음의 문제가 무엇인지 깨닫게 되면서 고통이 찾아온다. 이럴 때는 합리화를 통해 스스로에게 던지던 거짓말을 마주해야 하고 주지화와 언어적 사고에 물든 자신의 성격을 재검토하면서 더 많이 느끼고 더 적게 생각하는 법을 배워야 한다.

지금 가동 중인 방어기제는?

합리화는 꽤 쉽게 감지할 수 있다. 하지만 주지화와 사고는 우리 성격으로 스며들어 붙박이처럼 장착되기 때문에 파악하기가 어렵다.

욕구와 의존성

다이어트를 하다가 식단을 지키지 않았을 때 합리화가 자주 일어난다.

'오늘 직장에서 힘들어 죽는 줄 알았어. 그러니까 오늘 밤엔 아이스크림을 먹을 거야. 아주 조금이잖아. 내일 굶지, 뭐.'

'너무 공허한 기분이 들어. 이런 식으로 계속 가다간 다이어트고 뭐고 다 망해버릴 것 같아. 잠깐의 휴식은 다이어트를 계속하는 데 도움이 될 거야.'

필요하거나 원하는 걸 의식하고 있는데도 그 욕구를 채울 수 없으면 정말이지 힘들다. 살을 빼고 싶은 마음이 아무리 간절해도 배고픔은 견디기 어렵다. 우리는 눈앞의 욕망을 채우기 위해 장기목표에 어긋나는 행동을 합리화한다. 즉, 지금 당장 원하는 것을 얻기 위해 스스로에게 거짓말을 한다. 그룹 2에 가장 공감하는 독자는 이런 식의 합리화를 사용할 것이다.

이런저런 중독에 시달리는 사람은 자신과 주변 사람을 딱 이런 식으로 속인다. 알코올 중독자는 자신과 사랑하는 사람들에게 솔직하지 않기로 악명 높다. 그들은 주로 부정이라는 방어기제에 의존하지만, 자신의 음주로 인한 피해를 의식하지 않기 위해 합리화를 사용하기도 한다. '나는 나 자신 말고는 아무한테도 피해를 주고 있지 않아'가 그들이 자신과 남에게 흔히 하는 거짓말이다.

그들은 또한 자기 문제의 심각성을 최소화해서 평범한 문제처럼 보이게 만들려고 애쓴다.

'누구나 나쁜 버릇 하나쯤은 있잖아. 완벽한 인간은 없어.'

'정말 힘든 하루였어! 이 술을 마시면 내일 회의도 잘 버틸 수 있을 거야.'

'술을 마시면 긴장도 풀리고 잠도 잘 오니까 내일 일을 더 잘할 수 있겠지.'

일반적으로 장기목표나 가치관이 즉각적인 만족감을 주지 못할 때 합리화가 나타나는 경향이 있다. 우리는 고통스러운 박탈감을 피하기 위해 행동의 실제 결과나 진짜 동기에 대해 거짓말을 한다. 다이어트 식단을 어기거나 설정한 목표를 달성하지 못하거나 알코올이나 약물을 남용하면서 자주 핑계를 댄다면, 합리화를 사용하고 있을 가능성이 크다.

반대로 원하는 것을 갖지 못할 때도 우리는 합리화를 한다. 여우와 포도에 관한 이솝 우화가 좋은 예다. 닿지 못하는 포도 덩굴 앞에서 "저 포도는 어차피 익지도 않았잖아"라는 여우의 합리화는 참을 수 없는 욕망이나 실수, 후회를 피하기 위해 스스로에게 하는 거짓말이다. 실망스러운 일이 생겼는데 아무렇지도 않다고 완벽하게 타당한 이유를 대는 사람은 상실감을 느끼지 않는 척 발뺌하기 위해 합리화를 사용하고 있는 것이다. (객관적으로 봤을 때 부러워할 만한) 친구가 절대 부럽지 않은 이유를 논리적으로 말하는 사람은 자신의 시기심을 합리화하고 있는 것이다. 그룹 1에 가장 공감한 사람은 이런 식으로 합리화를 사용하고 있을 확률이 높다.

친밀한 관계를 무의식중에 두려워하는 사람은 자신이 왜 그런 관계를 피하는지 아주 논리적인 이유를 댄다. 그들은 감정적 의존성으로부터 달아나고 싶은 충동을 합리화하면서 그럴듯한 이유로 두려움을 숨긴다.

'내가 어떤 삶을 원하는지도 아직 잘 모르겠는데 연애를 할 순 없어.'

'정착할 준비가 되기 전까지는 가벼운 데이트나 해야지. 여자들을 속여서 함부로 사귈 순 없잖아.'

분석적인 사고가 많이 필요한 직업을 가진 사람은 학구적 연구, 법률 서류, 화학 분석 등에 너무 몰두한 나머지 감정적인 관계에 마음을 쓸 여유가 없다. 그들은 지금 하고 있는 일에서 성공하려면 딴 데 한눈팔면 안 되니까 인연을 만드는 게 힘들다고 스스로를 설득한다.

사고와 주지화를 주요 방어기제로 사용하는 사람은 머릿속에서 사는 시간이 너무 많아서 욕구와 욕망을 알려주는 몸에는 거의 신경을 쓰지 않는다. 그들은 아주 메말라 보인다(예전에 한 내담자는 이런 사람을 물기 없는 인간이라고 표현했다). 지적인 무성애자로 보일지도 모른다. 무의식적인 차원에서 그들은 욕구와 성적 욕망을 무척 두려워하고 있을 것이다. 주로 머릿속에서 살면서 섹스에 거의 관심이 없거나 다른 인간과 접촉하고 싶은 욕망이 없는 사람은 주된 방어기제로 주지화를 사용한다.

주지화는 그룹 3에 가장 공감하는 사람에게서 강하게 나타난다.

강렬한 감정

합리화는 약속을 지키지 않거나 의식적으로 인정하지 않는 적대감을 표출할 핑곗거리를 대주곤 한다. 그룹 4에 가장 공감하는 사람이 이 기제를 즐겨 사용한다.

'진짜 원해서가 아니라 약속했다는 이유만으로 우리 집에 놀러 오려는 사람이 있다면 그냥 오지 말라고 하겠어. 약속 시간이 얼마 안 남았더라도 취소할 거야.'

'그는 내가 잔인하다고 생각하겠지만, 진실을 말해주지 않는 게 훨씬 더 잔인한 거야. 정직이 최선이라고.'

그리고 부모들이 잘하는 말이 있다. '다 너 잘되라고 그러는 거야.'

물론 정직이 최선일 때도 있고 아이가 부당하다고 느껴도 자녀를 위해 강행해야 하는 일도 많다. 하지만 가끔 합리화는 진짜 동기나 감정을 감추는 데 이용된다. 앞의 세 사례에서 당사자가 실제로 (무의식중에) 느끼는 감정은 다음과 같을지도 모른다.

'약속을 했든 말든 상관없어. 존한테 전화가 왔고 오늘 밤에는 존을 만나고 싶단 말이야.'

'요전에 그가 한 말에 복수를 해주고 싶어.'

'너 상대하는 것도 이제 지쳤고 널 위해서 모든 걸 희생해야 하는 게 정말 싫어. 부모 노릇은 해도 해도 끝이 없다니까!'

합리화를 사용하면 분노, 증오, 시기, 질투, 이기심 같은 소위 부정적인 감정을 인정하지 않아도 된다. 우리는 개인사에서 그 감정을 지워버리고 행동에 대한 합리적인 설명으로 빈자리를 메운다. 이런 유형의 합리화는 가끔 감지되기도 한다. 합리화를 계속 반복하다 보면 막연하게나마 의혹이나 죄책감이 느껴지고 자기 자신을 정당화하고 싶은 욕구가 끊임없이 일어나기 때문이다.

주지화는 인간으로서 느낄 수 있는 모든 감정을 막아버리는 경향이 있고 한 사람의 성격에서 도드라지기 때문에 쉽게 파악된다. 이런 사람은 강렬한 감정을 두려워해서 그것이 일어날 만한 상황이나 인간관계를 피하려고 한다. 차갑거나 거리감이 느껴지거나 세상사에 초연한 듯 보이는 사람은 뜨거운 감정을 두려워한다. 반면 사고는 좀 더 심해지는 특정한 때가 있다. 내 경우에는 유난히 스트레스를 많이 받거나 심란할 때 사고가 시작된다. 지나치게 힘든 경험을 감당하는 나만의 방식이다. 까딱하다간 그날 밤은 꼴딱 새우기 일쑤다.

당신 역시 그런가? 머릿속 재잘거림이 점점 더 빨라지고 시끄러워진다면 어떤 고통스러운 감정이 곧 몰려올 징조가 보여 그것을 막아내려 애쓰고 있다는 증거다.

자존감

합리화는 수치스러운 말이나 행동을 했을 때 유용하게 쓰인다. 죄책감이 들 때면 누구나 늘 그럴듯한 이유를 대며 빠져나간다.

'내가 그에게 호의를 베푼 거야. 결국엔 고마워할걸.'

'그가 그런 일을 당한 건 자업자득이야.'

'나는 내 의견을 말할 권리가 있어. 양심의 가책을 느낄 이유가

전혀 없다고.'

우리는 방어를 단단히 다지기 위해 합리화를 반복하는 경향이 있다. 왜 수치심이나 죄책감을 느끼지 않아도 되는지 스스로에게 되풀이해서 해명한다면 조심하는 게 좋다.

주지화가 수치심을 막아주는 방어기제 역할을 할 때 총명한 사고는 일종의 우월함으로 높이 평가되어 무의식에 깔려 있는 수치심을 없애주는 것처럼 느껴진다. 자기가 남들보다 훨씬 더 똑똑하고 그래서 우월하다고 믿는 사람은 흔히 오만하거나 거들먹거리는 인상을 풍긴다(영화 〈소셜 네트워크The Social Network〉의 마크 저커버그Mark Elliot Zuckerberg를 생각해보라). 그런 사람은 자신의 총명함을 피난처로 삼고 남들을 얕봄으로써 방어를 강화한다. 지적 논쟁이 일어나면 특히 열을 올리면서 자기보다 못한 인간들이 틀렸다는 걸 증명하고 싶어 안달한다.

다음 장에서 얘기하겠지만, 수치심을 방어하는 사람은 다른 사람이 자기 대신에 수치심을 느끼게 만들려는 시도를 자주 한다. 남들에게 경멸감이나 짜증이 자주 일어나서 툭하면 그들의 신경을 긁어놓는다면 또는 모든 논쟁에서 이겨야 직성이 풀린다면, 지성이 무의식적인 수치심을 막는 기제로 사용되고 있을지도 모른다. 그룹 5에 가장 공감하는 독자는 주의를 기울일 필요가 있다.

연습

1. 30분 동안 머릿속에서 사고가 진행되는 과정에 주의를 기울여보자. 어떤 생각이 드는가? 의식적으로 자기 자신을 관찰하는 게 이 연습의 목적이다.

- 당신의 사고는 주로 말로 이루어지는가? 내적 독백과 어느 정도까지 유사한가?
- 머릿속에서 흘러가는 말을 당신이 통제하고 있다고 느끼는가? 원할 때 그 흐름을 시작하고 멈출 수 있는가? 원하는 부분에 집중할 수 있는가?
- 이제 머릿속을 조용하게 만들어보자. 사고 속에서 이뤄지는 말을 잠재울 수 있는가? 얼굴, 배, 목, 몸통 등 감정을 인식하는 신체 부위로 주의를 돌려보자.
- 다시 사고가 시작되기 전까지 얼마나 버틸 수 있는가? 침묵하는 동안 특정한 신체 감각을 알아챘는가? 그 감각이 불편했는가?

2. 별로 바쁘지 않은 날, 짧은 단식을 시도해보자. 예를 들어 간식 없이 한두 끼를 거르는 것이다. 물이나 주스로만 끼니를 때우면서 배가 고파지기 시작하면 자신의 반응을 주의 깊게 지켜보라. 단식을 깨는 걸 합리화하려고 애쓰고 있는가? 음식을 먹기 위해 완벽하게 타당한 핑곗거리를 만들어내고 있는가?

3. 자신이 약물이든 섹스든 뭔가에 중독돼 있다고 믿는다면 평소보다 더 오래 참아보자.

- 충분히 오래 참으면 당신이 그 중독적인 행위를 통해 피하려고 애쓰고 있는 게 뭔지 알 수 있다.
- 자신의 습관을 어떻게 정당화하고 있는지도 알 수 있다. 머릿속을 흘러 다니는 말에 귀를 기울여보라. 왜 그 중독적인 행위를 멈출 수 없는지 핑계를 대거나 그럴듯한 이유를 만들어내고 있는가?

4. 신경 쓰이는 일이 생겨서 그 일이 계속 생각난다면 생각을 멈추려고 애써보자. 그 상태로 얼마나 버틸 수 있는지 지켜보라. 여기서는 다른 연습 때와 반대로 해야 한다.

- 당신이 경험하고 있는 것을 설명하려고 애쓰지 말 것.
- 아무것도 쓰지 말 것.
- 자신의 감정을 이해하려고 들지 말 것.
- 그저 주의를 기울이며 자신의 경험에 말이 아닌 다른 방식으로 주목할 것. 이 과제가 극도로 힘들더라도 실망하지 말 것.

5. 강렬한 감정을 표출하거나 누군가를 심하게 비난한 뒤 자신의 행동을 정당화하려고 애썼던 일을 떠올려보자.

- 그런 행동을 했던 이유를 빈틈없이 논리적으로 해명하는 글을 써보라. 자신을 극단으로 몰아붙여 최대한 많은 변명을 써보라.
- 이제 누군가가 정반대의 주장을 펼치면서 당신이 대는 이유 하나하나가 왜 타당하지 않은지 설명하는 모습을 상상해보라. 방어적인 태도를 취하게 되는가?
- 타당한 이유가 전혀 없다고 가정해보자. 어떤 느낌이 드는가?

6. 자신의 지성을 높이 평가하거나 아주 유창한 말솜씨를 자랑으로 여기고 있는가?

- 당신보다 지성이나 말솜씨가 떨어지는 사람을 보면 어떤 느낌이 드는가?
- 너무 흥분해서 말이나 생각을 똑바로 못하는 모습을 보인 적이 있는가? 그 일을 겪었을 때 어떤 기분이 들었는가?
- 당신과 다른 의견을 가진 누군가를 멍청하거나 미련한 사람처럼 보이게 하려고 애쓴 적이 있는가? 그 사람과 그의 견해에 대한 당신의 감정을 최대한 상세히 설명해보라.
- 이제 그 사람의 입장이 되어보자. 상상력을 발휘해서 그 사람의 경험에 몰입해 그의 감정을 대신 느껴보라.
- 그의 수치심이나 굴욕이 느껴진다면 당신이 피하려 애쓰고 있는 감정이 뭔지 이해하는 데 도움이 될 것이다.

다음 단계

경험상 대부분의 사람은 이 장에서 설명한 방어기제에 어느 정도 의존하고 있다. 사고가 우리 의식의 핵심에 있기 때문에 우리가 스스로에게 하는 거짓말을 감지해내려면 자기 사고를 의심해볼 수 있어야 한다. 이 장의 연습은 이 과정에 적응하는 동시에 머리에서 몸으로 주의를 돌리게 도와준다.

이 경험을 일상으로 만들도록 각별한 노력을 기울여야 한다. 우리는 자신이 사용하는 모든 방어기제를 정당화하기 위해 사고에 의존한다. 사고는 일종의 예비 또는 보조 방어기제인 셈이다. 따라서 그 사고를 들여다보고 타당성에 의문을 던지는 것이 방어기제를 해체하는 시작점이다.

11장

수치심의 방어 : 상처받지 않으려는 가장 완벽한 가면

그 여자는…… 내면이 너무 추해서 외모가 아름답지 않으면 계속 살아갈 수가 없었지.
— 영화 〈세븐Seven〉

이 책에 설명된 모든 고통스러운 감정 중에 수치심이 가장 괴롭고 가장 견디기 힘들다. 수치심과 그 원인을 바라보는 나의 시각이 일반적인 관점과 다를지도 모른다. 그래서 수치심을 막아주는 가장 흔한 방어기제를 설명하기 전에 신경전달물질과 유아기 성장에 관해 살짝 훑으며 내 견해를 분명히 하고자 한다.

인간은 아주 연약한 상태로 세상에 태어나 부모의 도움 없이는 성장하지 못한다. 우리의 성장 과정은 육체적·감정적 요구에 부모가 어떻게 대응하느냐에 따라 달라지며 인간은 마땅히 대응을 받을 거라는 자연스러운 기대를 품고 이 세상에 나온다. 위니캇은 이 유전적 성질을 '정상 상태를 위한 청사진'•이라고 불렀다. 부모가 그 청사진에 맞게 적절한 대응을 보여주면 그 대응이 자연스럽고 옳게 느껴진다. 세상을 안전한 곳이라 느끼고 자신의 고유한 아름다움을 감지한다. 3장에서 얘기했듯이 이 경험이 자존감의 핵심을 이룬다.

하지만 부모의 대응이 청사진에서 완전히 빗나간다면, 즉 아이를 정서적으로 학대하거나 트라우마를 남긴다면, 아기는 뭔가가 아주 잘못됐다는 걸 감지하고 세상을 위험한 곳으로 느낀다. 아기는 자신의 성장이 틀어졌다는 걸 직관적으로 안다. 학대받거나 트라우마가 생긴 아기는 자기 안의 아름다움이 아닌 내적 결함과 추함을 느낀다.

나는 이 내재적 결함을 원초적 수치심이라고 부른다. 대개 무의식적으로 경험하는 원초적 수치심은 내면의 추함처럼 느껴지며 다른 사람이 진짜 나를 보면 경멸과 혐오로 치를 떨 것이라는 확신으로 이어진다.

여기에는 수치심을 뜻하는 단어 shame의 부차적인 의미가 반영돼 있다. 바로 어긋난 기대다.

다가오는 소풍을 기대할 때 우리는 계획대로 즐거운 시간을 보내는 모습을 머릿속에 그린다. 현실이 기대에 부응하지 못하면 우리는 '안타깝다It's a shame'고 말한다. 단어의 일차적인 의미와는 다르지만 서로 연관돼 있다. 자라는 아기는 부모의 학대 때문에 트라우마가 생겨서 양육환경에 대한 내재적 기대가 어긋나면 원초적 수치심을 갖는다. 이 경험은 안타까운 일이며 결국 수치심을 불러일으킨다.

• D. W. Winnicott. The basis for self in body, *Psycho-Analytic Explorations,* ed. C. Winnicott, R. Shepherd and M. Davis (London: Karnac, 1989).

앨런 쇼어Allan Schore•를 비롯해 많은 신경생물학자들은 부모의 대응이 아기의 뇌, 특히 감정이나 사회적 기능과 연관된 영역에 끼치는 영향을 연구했다. 정서적으로 결핍된 환경, 즉 내재적 기대에 부응하지 못하는 부모 밑에서 자란 두 살짜리 아기들과 최적의 환경에서 자란 두 살짜리 아기들의 뇌 촬영 사진을 비교해봤더니 전자의 아기들은 뉴런의 숫자와 뉴런 간 연결이 훨씬 적었다.

다시 말해, 정상 상태를 위한 청사진을 크게 벗어난 환경에서 제대로 된 감정적 대응을 받지 못하면 아기의 뇌는 비정상적으로 발달한다. 유년시절에 비타민 D 결핍으로 구루병에 걸리면 뼈가 정상적으로 발달하지 못하는 것과 마찬가지다. 생후 2년이 지나면 비정상적인 뇌 발달은 영구적으로 굳어지고 이 결정적 기간의 부적절한 양육은 절대 만회할 수 없다.

정서적인 기대를 만족시켜주지 못하는 부모 밑에서 자란 아기들의 뇌 손상은 평생을 간다. 주로 다른 사람과 정서적 유대감을 형성하는 능력이나 자존감과 연관된 영역에서 문제가 생긴다.

원초적 수치심은 우리 존재의 가장 깊은 곳에서 느껴지는 이 내적 결핍의 (대개는 무의식적인) 인식이다.

주요 심리문제와 연결해 설명해보겠다. 우리가 세상에 태어난 뒤 정상적으로 성장하려면, 우리의 욕구를 충족시켜주고 애정과 즐거움이 깃든 관계 속에서 감정 다스리는 법을 가르쳐주고 이 세상이 안전

• Allan N. Schore. *Affect Regulation and the Origin of the Self: The Neurobiology of Emotional Development.* (Mahwah, New Jersey: 1994).

하다고 느끼게 해줄 부모가 필요하다. 이런 조건이 갖춰져야 감정적으로나 신경학적으로나 잘 성장할 수 있다. 그런 부모가 없으면 정상적으로 자랄 수 없다. 자라면서 자신의 성장이 뭔가 잘못됐다는 걸 직관적으로 알고, 자신에게 뭔가 문제가 있다고 느낀다.

태어나자마자 완벽한 환경이 필요한 건 아니다. 위니콧의 말을 따르자면 충분히 좋은 환경이면 된다. 충분히 좋은 수준에서 점점 더 멀어져 학대로 트라우마를 남기는 열악한 환경에 가까워질수록 그 결함이 우리의 성장에 끼치는 악영향은 점점 더 커진다. 어릴 적 경험하는 결핍이 클수록 피해의식과 원초적 수치심은 더욱더 깊어진다. 이런 감정은 평생 사라지지 않는다.

유아기에 부모에게 학대를 받거나 트라우마가 남지는 않는다 해도, 부모가 중요한 욕구를 채워주지 않으면 비교적 작은 수치심이 생겨날 수 있다. 어머니와 자녀 간의 경계선이 분명치 않으면 어머니는 자녀와 떨어지는 걸 견디지 못한다. 또 불안감이나 우울증에 빠진 어머니는 아기의 요구에 응하기가 어렵다. 이렇듯 충분히 좋음에는 못 미치지만 심각한 결핍 상태는 아닐 때는 악영향이 덜하고 수치심이나 내적 추함도 덜 할 것이다. 수치심을 막기 위해 작동하는 방어기제가 성격을 완전히 지배할 위험도 없다. 내 경험에 비춰보면 이런 작은 수치심은 아주 많은 사람이 갖고 있다.

원초적인 수치심에 시달리는 사람은 그걸 의식하는 고통을 피하기 위해 일반적으로 세 가지 방어기제에 의존한다. 바로 나르시시즘, 남 탓하기, 경멸이다.• 내가 이 세 가지 방어기제를 수치심과 연결하는 이유는 심리치료사로 일하며 이것이 서로 밀접하게 연관돼 있음을 알게 됐기 때문이다. '나르시시즘'은 (무의식적인) 수치심에 대한 일차적인 방어기제다. 수치심에 시달리는 사람 중 다수는 자신의 잘못이나 실수를 잘 인정하지 못하고 그 대신 남들을 탓하는 경향이 있다. 또 자신의 내면적 추함을 다른 사람에게 투사하고 그에 대해 경멸을 느낀다. 이 세 가지 방어기제를 차례로 살펴보자.

수치심을 막기 위한 일차적인 방어기제

이번 장 첫머리에 인용된 영화 대사는 내면적 추함에서 달아나 육체적 아름다움에서 위안을 찾는 사람을 묘사하고 있다. 오스카 와일드 Oscar Wilde의 유명한 소설에서 도리언 그레이의 초상화는 사람들이 못 보는 곳에 꼭꼭 숨겨진 채 그의 섬뜩한 내적 자아를 반영하며 변해가지만, 그의 겉모습은 젊음과 완벽한 아름다움을 계속 유지한다. 아름다워 보이지만 거짓된 외면이 그 안에 있는 추악한 사람을 감춘다. 이는 기본적인 자기애적 방어다. 내면은 추악하지만 외면은 이상적이다.

자기 외모를 과대평가하고 감탄과 욕망의 대상이 되고 싶어 하는

• 안나 프로이트가 열거한 가장 일반적인 심리적 방어기제에 이 세 가지는 나오지 않지만, 탓하기는 부정의 한 형태로 볼 수 있다('내 잘못은 하나도 없어, 다 네가 잘못한 거야'). 멜라니 클라인은 경멸을 수치심이 아닌 욕구 인식에 대한 방어기제로 봤다. 앤드루 모리슨은 하인츠 코헛의 연구에 기초해 나르시시즘이 원초적인 수치심에 대응하는 원리에 관해 깊이 있는 글을 썼지만, 그와 내가 생각하는 수치심은 근본적으로 다르다.

사람이 나르시시스트 유형으로 좀 더 익숙하지만 수치심을 피하기 위해 사람들 앞에 드러나는 자신의 모습을 이상화하는 사람도 있다. 7장에서 방어기제 중 하나인 이상화를 설명하면서 몇몇 예를 들었다. 사람들은 부, 성공, 인기, 교양, 성적 매력 등에서 이상적인 모습을 보이려고 애쓴다. '나를 봐. 난 전부 다 가졌어! 날 우러러봐. 날 부러워하라고.' 고미다락(아니, 무의식이니까 지하가 더 알맞을지도 모르겠다) 어딘가에는 자신이나 남들에게 보여주고 싶지 않은, 수치심 가득한 추악한 자아가 있다.

나는 내 웹사이트나 유튜브 영상에서 수치심을 피해 이상화된 자아(대체로 허구거나 거짓인 자아)로 도피하는 현상에 대한 은유로 영화 〈아바타Avata〉를 자주 사용한다. 프로이트가 물에 비친 자신의 모습과 사랑에 빠진 그리스 청년 나르키소스의 신화로 나르시시즘이라는 심리적 현상을 설명했듯이 나는 수치심에 대한 일차적인 방어기제를 설명해주는 일종의 신화로 〈아바타〉를 이용한다.

영화 시작 부분에서 제이크 설리는 심각한 척수 손상으로 하반신이 마비됐다. 이제 더 이상 해군으로 싸울 수 없는 제이크는 판도라라는 행성으로 떠나는 특별 군사 임무에 자원한다. 그리고 기적 같은 기술을 통해 그 행성에 있는 아바타, 즉 대체 자아와 정신적으로 연결돼 그 몸 안에서 살게 된다.

하반신이 마비된 제이크의 몸과 대조적으로 이 아바타는 3미터가 넘는 키에 건강하며 인간을 능가하는 신체적 기량과 감각적 능력을 갖췄다. 이 아바타를 통해 제이크는 잃어버렸던 기능을 되찾을 뿐만 아니라 인간의 잠재력을 뛰어넘는다. 제이크는 판도라에서의 경험이 실제 삶보다 더 현실적이고 더 의미 있음을 알게 된다. 영화 끝에 그는 육체적 손상을 넘어 우월한 나비족 자아의 영역으로 영원히 넘어가는 방법을 찾는다.

데이비드 이야기

제이크 설리처럼 내담자 데이비드도 자신의 결함을 숨겨줄 새롭고 우월한 정체성을 갈망했다. 수년 전 인터넷 채팅방과 전자게시판 열풍이 처음 불기 시작했을 때 그는 온라인 관계에 집착하게 됐다. 작은 키에 체중이 약간 많이 나가긴 하지만 육체적으로는 나무랄 데 없었던 30대 중반의 남자 데이비드는 지독히 낮은 자존감에 시달렸다. 그의 가정사는 아주 복잡했다. 10대 후반에 어머니가 자살했고 데이비드는 얼마 후 대학을 중퇴했다. 그는 의미 있는 직업을 찾아 진득하니 일하지 못했고 성인이 되고 나서도 아버지와 새어머니의 도움을 받거나 벌이가 시원찮은 소매업으로 생계를 유지했다.

그는 다른 사람들과의 인연을 간절히 원하면서도 어떤 관계도 제대로 이어나가지 못했다. 대신에 오르지 못할 나무 같은 남자들, 아주 매력적이고 출세한 동성애자들에게 병적으로 집착했다. 그들과 비굴한 관계를 맺으면서 일방적으로 베풀며 그들의 사랑과 애정을 얻으려 노력하곤 했다. 그러다 보면 늘 그들에게 이용당해 분노가 일어났고 결국엔 심한 싸움으로 관계가 끝나버렸다. 데이비드는 정말 불행하고 외로운 남자였다.

그런 그가 인터넷 채팅방을 발견했을 때 자신이 늘 되고 싶었던 사람이 (환상 속에서만이라도) 될 수 있는 길이 열렸다. 온라인에서 익명으로 이뤄지는 관계가 흔히 그렇듯, 그는 자신을 완전히 딴사람으로 포장했다. 온라인 판 데이비드는 현실의 데이비드보다 더 젊고 더 크고 더 날씬했다. 화려한 경력에 좋은 차를 몰았으며 자기 집도 갖고 있다. 온라인 속 데이비드는 모든 걸 다 가진 남자였다.

이런 관계는 종종 인터넷에서 전화로 이어졌다. 그는 타인들과 몇 시간 동안 통화를 나누며 그들에 대해 알게 되는 걸 즐겼다. 그러다가 직접 만날 약속까지 잡히면 그는 막판에 약속 시간을 바꿔 최대한 만남을 미뤘다. 결국엔 전화를 받지 않고 연락을 끊어버리거나 아니면 수치스러운 고백을 하고 꽁무니를 뺐다.

데이비드는 뿌리 깊고도 견딜 수 없는 수치심에 시달렸다. 그 수치심과 자신의 결함에 대한 감정을 마주할 수 없었기 때문에 진정한 인간관계를 맺지 못했다. 그 대신 매력적이고 성공한 온라인 데이비드로 달아났다. 제이크 설리처럼 손상된 자아를 버리고 이상적인 새로운 자아로 도피했다.

데이비드는 이런 도피를 어느 정도 의식하고 있었다. 나르시시즘이라는 방어기제가 이보다 더 잘 기능하면 세상에 내놓는 자아가 허구와 환상의 인물이며 내적 손상에 대한 부정이 일어나고 있다는 사실을 거의 인식하지 못한다. 데이비드는 자신이 완전히 딴사람 행세를 하고 있기 때문에 직접 만났다가는 바로 거짓말이 들통 나리라는 사실을 알고 있었다. 데이비드보다 스스로를 훨씬 더 잘 속이는 나르시시스트도 있다.

평범한 나르시시즘과
방어적 나르시시즘

프로이트는 처음 나르시시즘에 관해 얘기했을 때 남들에 대한 관심과 욕망을 자기 자신에게로 돌리는 정신질환의 한 징후로 봤다. 하지만 나중에는 나르시시즘이 인간이라면 누구나 겪는 정상적인 경험임을 이해했다.

자기 자신에게 관심을 갖고 자신을 존경하며 자신이 남에게도 존중받으리라 확신하는 건 건강한 태도다. 평범한 나르시시즘은 자존감과 자신감의 중심에 자리 잡고 있다. 하지만 극단으로 치달으면, 즉 방어적인 성질을 띠면 나르시시즘은 오만과 자만심으로 나타난다. 존중받을 만한 사람이라는 사실을 당연하게 받아들이는 게 아니라 늘 뭔가를 증명해 보이려 애쓴다.

나르시시스트에게는 자신의 우월함을 증명해 보이려는 욕구가 끊이질 않는다. 진짜 또는 가상의 청중, 질투나 감탄의 눈으로 지켜보고 있을 구경꾼을 끊임없이 의식한다. 그는 행동이나 말을 통해 상대가 자기 아래에 있음을 은연중에(가끔은 대놓고) 드러낸다. '난 너보다 더 똑똑해. 너보다 더 잘 벌어. 네가 모르는 유명한 사람을 난 알아. 난 너보다 더 재미있고 매력적이고 섹시하고 카리스마 있어.'

수치심과 내면의 손상을 부정하려면 외부로부터 끊임없는 지지를 받아야 하기 때문에 나르시시스트들은 다른 사람들의 관심을 요구하곤 한다. 나르시시스트는 각양각색의 형태를 보인다.

이를테면 자기 얘기만 계속 떠들어대고 남한테는 아무 관심도 없는 따분한 사람도 그 한 가지 예다. 자기를 우월하거나 호감 가는 사람으로 포장하지는 않지만 재미있는 이야기로 대화를 쥐락펴락하는, 매력적이고 극도로 외향적인 사람. 이런 사람은 어떤 자리에서든 자신이 꼭 주인공이 돼야 한다. 자신의 재능을 끊임없이 과시하며 상대의 호응을 요구하는 예술가나 운동선수도 마찬가지다.

모든 나르시시스트의 목표는 다른 사람의 관심을 독점하는 것이다. 그들은 무의식중에 자신을 손상되고 추하고 무가치한 존재로 느끼기 때문에 남들의 관심과 존경을 필요로 한다.

수치심으로 움직이는 초자아

수치심에 시달리는 사람은 내면의 손상을 의식하지 않고 부정하기 위해 자신의 이상적인 모습을 기대한다. 완벽한 자신을 요구하고 자신이 세운 기준에 못 미치면 공격적인 태도를 취한다.

초자아superego라는 말을 들어봤을 것이다. 자신을 관찰하고 평가하며 비판하는 자아의 측면, 윤리관과 가치관의 목소리에 프로이트가 붙인 명칭이다. 독일어로는 위버-이히Über-Ich로 일상적인 단어 두 개가 합쳐진 합성어다. '내 위에서'와 비슷한 의미인데, 위에서 누군가가 우리를 지켜보고(비판하고) 있는 것처럼 느껴지기 때문이다. 늘 그렇듯, 영어로 이 단어를 번역한 사람들은 더 과학적으로 들리는 슈퍼에고superego라는 용어를 택했다.

이 용어는 이제 일상적으로 쓰는 말이 되어 누구나 이해하는 인간 심리의 일부가 됐다. 대부분은 '가혹한 초자아'가 무슨 뜻인지 정확히 이해한다. 수치심에 시달리는 사람에게는 아주 잔혹한 (그리고 잔혹할 정도로 완벽주의를 추구하는) 초자아가 있다. 완벽하지 못하면 잔혹하게 자신을 부정하는 자기증오의 공격을 받게 된다.

좀 더 쉽게 말하자면 이런 사람이 된 듯한 기분이 든다.

'인생을 완전히 망쳐버린 낙오자'

'아무 쓸모도 없는 똥 덩어리'

'곧 쓰레기통에 버려질 하자 상품'

수치심이 돌아오면 무척 괴롭고 함께 딸려 오는 자기혐오 때문에 괴로움이 훨씬 더 커진다. 나르시시즘을 방어기제로 사용하는 사람에게 그 경험은 못 견딜 정도로 고통스러울 것이다. 그래서 그 고통을 피하거나 막기 위해 다른 방어기제를 추가로 사용한다.

남 탓하기

수치심과 남 탓하기는 아주 흔히 짝을 이룬다. 이상적인 모습을 보이려 애쓰고 수치심이 돌아올까 봐 두려워하는 사람은 조금이라도 안 좋은 소리를 들으면 견디지 못한다. 실패하거나 완벽하지 못하면 잔혹한 자기증오라는 대가를 치러야 하기 때문에 모든 비판의 화살을 딴 곳으로 돌려 남을 탓한다.

홀리는 특히 남편 에릭과의 관계에서 이 방어기제를 많이 사용했다. 주로 홀리의 적대적이고 도발적인 행동 때문에 일어나는 다툼이 끝나고 나면 홀리는 몇 시간 동안 그 일을 곱씹으면서 남편의 잘못을 하나하나 짚다가 인신공격으로 넘어가곤 했다.

무의식중에 홀리는 자신이 비상식적인 방식으로 다툼을 일으킨다는 데 수치심과 죄책감을 느끼고 있었다. 상담을 하면서 우리는 이 문제를 철저히 파헤쳤고 나는 홀리의 그런 감정을 간단히 짚어내는 방법을 개발했다. 마치 그의 시선으로 바라보는 것처럼 불만 가득한 한숨을 과장되게 쉬며 "에릭, 그 사람 참!" 하고 말하면 된다. 홀리는 부부싸움에서 자기가 하는 역할을 좀처럼 인정하지 못했다. 수치심과 자기혐오에 휩싸이게 될 테니까 말이다.

홀리는 그 문제를 흑백논리로 보고 있었다. 1) 홀리가 전적으로 옳고 에릭이 잘못했다. 아니면 2) 홀리는 구제불능 미치광이니까 그냥 포기하고 홀리를 변기 물과 함께 내려버리는 게 낫다. 모든 잔혹한 완벽주의자들이 그렇듯 홀리는 한 걸음 한 걸음 나아가는 점차적인 성장을 믿지 못했다. 경험에서 배운다는 말은 오랫동안 그에게 별 의미가 없었다.

양심에 대해 가혹하고 완벽주의적인 잣대를 세워놓고 있는 사람은 시간이 지나면서 조금씩 성장할 수 있다는 걸 믿지 못한다. 홀리처럼 실패를 시인하지 않으려 하고 자신의 행동이 남에게 피해를 주고 있다는 걸 인정하지 못한다. 그렇기 때문에 그들은 경험에서 배움을 얻지 못하고 자멸적인 행동을 되풀이한다.

경멸

또 다른 내담자인 이언은 그 자신이 심리치료사 훈련을 받고 있었다. 그는 내가 해주는 말을 귀 기울여 듣고는 이렇게 말하곤 했다. "선생님 말씀이 진실인지 아닌지 내가 어떻게 압니까? 선생님이 맞을지도 모르죠. 하지만 다른 시각으로 본다고 해도 틀리진 않을 것 같은데요." 표면적으로는 아무런 감정도 실리지 않은 발언처럼 들리지만 나는 그가 내게 느끼는 지독한 경멸을 감지했다.

이언은 툭하면 내 말을 자기만의 해석으로 받아쳤고 보일 듯 말 듯 능글맞게 웃으며 거들먹거리는 투로 자기 생각을 말했다. 가끔은 나를 멍청이 취급했다. 그의 꿈에 나는 누더기 차림의 더럽고 볼꼴 사나운 모습으로 자주 등장했다. 그는 자신의 수치심과 내면적 손상, 추악함을 느끼는 대신 나를 한심한 패배자로 둔갑시켰다.

이언처럼 주변의 모든 이에게 우월감을 느끼고 상대를 바보로 만드는 데 능숙한 사람을 흔히 볼 수 있다. 뼛속까지 나르시시스트인 이런 사람은 자기가 남보다 위에 있다고 느껴야 직성이 풀린다. 자신이 승자라는 걸 증명하고 패자들을 찍어 눌러야 한다. 이런 나르시시스트는 경쟁심이 극도로 강해서 자기가 다른 모든 사람보다 더 나은 승자라는 걸 끊임없이 스스로에게 증명해야 한다. 이런 유형의 경쟁심에는 독선과 우월감, 그리고 남들에 대한 경멸이 함께 따라온다.

다른 사람을 이김으로써 나르시시스트는 원치 않은 수치심을 성공적으로 없앴다는 것을 증명한다. 패자에게 경멸을 느끼고 굴욕을 줘야 그의 이상적인 자아상이 흔들리지 않는다. 나르시시스트는 자신의 수치심을 '부정'하고 다른 사람에게 투사하여 그 감정을 이겨낸다.

최후의 방어

수치심이 내면 구석구석으로 스며들면 일반적인 방어기제는 무용지물이 돼버린다. 거짓말로 진실을 가리고 고통을 줄여보려 해도 소용없다. 그런 사람들은 데이비드처럼 공상의 세계로 달아나 현실에 눈뜨려는 노력을 전혀 하지 않는다. 그들은 책이나 영화 속으로 사라져버린다. 대리만족을 통해 수치심에서 달아나고 손상된 자아를 버린다. 숨겨진 형태의 나르시시즘이라고 할 수 있다.

수치심에 휘둘리는 사람은 대개 자기혐오도 강하다. 완벽하고 우월한 자아상을 만들어놓고 그 이상에 미치지 못하면 스스로를 잔인하게 공격한다. 그들은 오로지 두 가지 가능성밖에 상상하지 못한다. 자기 자신의 모습이라고 느끼는 열등하고 손상된 패자, 그리고 그들이 되고 싶어 하는 이상적인 사람. 아름다운 사람 아니면 추한 괴물. 총명한 사람 아니면 저능한 바보. 그들의 시선에서는 바깥세상에도 똑같이 두 부류의 사람밖에 없다. 승자와 패자.

그런 사람은 수치심과 자기혐오의 수렁에 깊이 빠져서 방어벽이랄 게 아예 없는 것처럼 보일 때도 있지만, 그들에게도 최후의 보루는 있다. 바로 완벽주의다. '내가 멸시받을 만한 낙오자일지도 모르지만 적어도 난 나 자신을 얕보고 경멸할 만큼 주제 파악을 잘하고 있어. 바보가 아니라서 진짜 내 모습을 인정할 줄 안다고!' 자신을 하찮게 여기고 잔인하게 취급하는 이런 내면의 목소리는 사실 그들 자신의 경멸을 드러낸다. 앞서 말한 수치심에 대한 방어기제 역할을 하는 경멸과 그 종류가 똑같다.

이 개념을 이해하기 어려울 수도 있다. 내담자들은 잔혹한 완벽주의 때문에 자신들이 얼마나 괴로운지 이야기한다. 그건 마치 무자비하게 권력을 휘두르는 잔인하고 부패한 정권 아래 사는 것과 비슷하다고 하소연한다. 그 잔인무도한 독재자가 결함을 거부하고 완벽을 요구하는 자신의 일면이기도 하다는 사실을 그들에게 깨우쳐주기란 쉬운 일이 아니다.

'나는 우월하고 오만한 신이다. 인생을 망친 패배자를 철저히 경멸하고 거부한다!'

그들은 본연의 모습으로 최선을 다하면서 자신의 수치심과 결함을 직시하고 거기서부터 성장해나가야 한다는 사실을 받아들이지 않는다. 완벽주의 성격을 띤 완전한 자기거부와 자기혐오는 수치심을 막기 위해 사용하는 최후의 수단이다.

지금 가동 중인 방어기제는?

이 장은 그룹 5와 그룹 6에 공감하는 독자에게 가장 와 닿겠지만, 어떤 방어기제를 사용하든 수많은 사람이 수치심에 시달린다. 어린 시절 부모나 다른 중요한 사람들에게 수치와 굴욕을 당하지 않았더라도 자신이 제대로 성장하지 못했다는 걸 (대개는 무의식중에) 알면 수치심이 생긴다. 나를 찾아오는 내담자들 거의 모두는 살면서 한 번쯤은 수치심과 씨름해야 했다.

욕구와 의존성

수치심에 시달리는 사람은 흔히 자신의 욕구를 부끄럽게 여긴다. 욕망을 굴욕적인 것으로 여긴다. 이런 사람은 자신이 흠 있고 무가치한 인간이라고 느끼기 때문에 친밀한 관계를 감당하지 못하거나 그들을 비하하거나 평가절하함으로써 수치심을 확증해주는 사람과 모욕적인 관계를 맺기 시작한다. 우리는 이들을 자존감 없는 사람이라고 표현한다(그룹 6).

반대로 수치심을 격렬하게 방어하는 사람은 자기 대신 수치심을 떠맡을 자존감 낮은 상대를 찾아 나선다. 수치심 가득한 흠 있는 자아를 상대에게 투사한다. 그러면 그 사람은 승자-패자 관계에서 열등한 쪽이 된다.

우월한 쪽이 자기혐오를 품고 표출하는 방식은 눈에 잘 띄지 않는다. 대신에 상대가 나약하고 의존적인 모습을 보이면 비웃으며 경멸감을 드러낸다. 그룹 5에 가장 공감한 독자는 이런 유형의 관계에 빠지기 쉽다.

강렬한 감정

수치심에 시달리면, 질투나 시기심처럼 보통은 견딜 만한 감정도 독성을 띠게 된다. 하지만 다른 모습의 탈을 쓰고 나타날 때가 많다.

유독한 시기심은 진심으로 들리지 않는 칭찬이나 짜증을 불러일으키는 반복적인 자기비하로 나타난다. 시기하는 사람은 부러운 상대를 농담처럼 살살 비꼬기도 한다. 농담이라도 그 안에 가시가 있어서 빈정거림을 알아챌 수 있다.

자존감이 바닥을 치는 사람은 남에게 뭔가 좋은 일이 있으면 견디기 힘든 고통을 느끼기도 한다(그룹 6). 행복한 연애에 빠져 있는 사람을 보면 질투심이 폭발한다. 고통을 피하기 위해 그런 사람들과 만나는 걸 일부러 피하기도 한다. 그래서 시기도 질투도 불러일으키지 않는 사람들만 주변에 남거나 아니면 완전히 혼자가 된다.

양심의 가책 역시 견디기 힘들어진다. 수치심과 씨름하는 사람은 자신에게 잔인하고도 완벽주의적인 기대를 품고 있기 때문에 실수를 하거나 우연히 남에게 피해라도 입히면 자존감을 완전히 잃어버리고 만다. 실수를 저지르는 순간 쓸모없고 경멸받을 만한 인간으로 전락해버린다. 가끔 방어적인 태도를 취하기도 하지만 실수를 저지른 자신을 훨씬 더 많이 공격한다.

반면 수치심을 격렬하게 방어하는 나르시시스트는 시기, 질투, 죄책감 같은 괴로운 감정을 다른 사람들에게 '불어넣으려' 한다. 자신이 모든 걸 가졌음을 스스로 확신하기 위해 그리고 고통스러운 감정을 없애기 위해 다른 사람들에게 시기와 질투를 불러일으킨다. 자기가 가진 물건이나 자질을 과시하며 원치 않는 감정을 상대에게 투사해 떠넘긴다(그룹 5).

나르시시스트는 양심의 가책을 견디지 못하기 때문에 자기가 늘 옳아야 한다. 그들은 툭하면 배우자와 가족, 친구들에게 죄책감을 불러일으키려고 애쓰면서 마치 그들의 성격 자체가 문제인 것처럼 느끼게 만든다. '넌 정말 끔찍한 인간이니까 부끄러운 줄 알아야 해.'

자존감

이 장 전체가 수치심과 자존감에 초점을 맞추고 있다. 그룹 5와 그룹 6에 공감하는 사람뿐만 아니라 많은 독자가 자신의 모습을 볼 수 있었을 것이다.

연습

수치심이 아주 고통스러운 경험인 만큼 이 연습도 무척 힘들 것이다. 다른 연습 때보다 더 큰 저항감이 일어날지도 모른다.

지금 끝내기가 힘들면 나중에 꼭 다시 시도하기 바란다. 어떤 일이 있어도 이 연습을 빼먹어서는 안 된다.

1. 순간적으로 굴욕감이 확 느껴졌던 때를 떠올려보자. 얼굴과 두피가 갑자기 불쾌하게 화끈거렸을 것이다. 고개를 돌려버렸거나 아니면 상대와 눈을 마주치기가 힘들었을 것이다. 그냥 사라져버리고 싶었을지도 모른다. 몸에 나타나는 이런 징후는 수치심을 드러낸다.

- 무슨 일 때문에 그런 감정을 느꼈는가? 남들에게 보여주고 싶지 않은 뭔가가 들통 난 것 같았는가?
- 들통 난 게 뭔지 설명해보라. 당신의 성격이나 전반적인 자질에 대한

부정적인 면이 드러났다고 느꼈는가?

2. 말이나 행동이 아니라 존재만으로 당신의 자존감을 떨어뜨리는 사람이 있는가? 그들의 어떤 점 때문에 이런 기분을 느끼는가?

3. 세상에는 승자와 패자만 있다고 생각하는가? 그렇다면 당신은 승자인가 패자인가? 당신이 생각하는 승리의 정의는 무엇인가? 당신과 반대편에 있는 사람들을 보면 어떤 느낌이 드는가?

4. 다음에 파티 같은 사교 모임에 가서 새로운 사람을 만나면

- 당신이 자기소개를 어떻게 하는지 주의를 기울여보라. 남에게 좋은 인상을 주려고 노력하는 거야 자연스럽지만, 정도를 넘어서 당신 인생을 실제보다 더 멋지게 포장하려고 든다면 진실을 창피하거나 수치스럽게 여기고 있다는 신호일 수도 있다. 민감한 개인 정보를 누설하지 않는 것과 자신을 완전히 다른 인간으로 포장해 상대를 속이는 것은 엄연히 다르다.
- 당신이 숨긴 것은 무엇인가? 방금 만난 사람에게 바로 그 얘기를 한다고 상상해보자. 어떤 감정이 들까? 상대는 어떤 반응을 보일까?
- 다른 사람들이 자신을 어떻게 설명하는지 귀 기울여 들어보라. 굉장히 멋진 인생을 살고 있는 것처럼 얘기하거나 자기가 모든 걸 다 가진 것처럼 보이려고 애쓰는 사람이 있을 것이다. 그런 사람에 대해 어떤 감정이 드는가? 당신 자신에 대해서는? 열등감을 피하려고 발버둥치고 있는가? 시기심이 생겨나는가?

5. 친구나 직장 동료, 배우자와 다툴 때 당신의 잘못을 인정하기가 얼마나 어려운가? 대부분의 사람들이 힘들어하는 부분이니 너무 자학할 필요는 없다.

- 다른 사람을 비난하면서도 어쩌면 당신 잘못일지도 모른다는 느낌이 들어 괴로웠던 적이 있는가? 당신 잘못이 맞았는가?
- 반드시 당신이 옳아야 했던 이유가 뭘까? 당신 잘못이라면 뭐가 위태로워졌을까? 그리고 책임을 받아들였다면 어떤 기분이 들었을까?
- 수치스러운 사실을 감추기 위해 거짓말을 하고 분개하면서 당신의 결백을 끝까지 주장한 적이 있는가? 진실이 드러났다면 당신의 어떤 점이 폭로됐을까? 발각되거나 벌을 받을 뿐 아니라 망신까지 당할까봐 두려웠는가?

6. 남에게 경멸을 느낀 적이 있는가?

- 다른 사람들 또는 그들의 행동에 경멸을 느꼈던 일을 떠올리고 적어보라.
- 그 상황을 찬찬히 살피면서 강한 경멸감을 불러일으키는 사람들의 성격적 특성이나 자질을 파악해보자.
- 그 특성의 어떤 점이 그렇게 거슬리는가?
- 당신이 그런 특성을 드러냈던 경우는 없었는가? 잘 생각해보라! 자신에게 정말 경멸스러운 점이 있는가?

7. 마음속에서 무자비한 목소리가 들리는가? 그렇다면

- 그 목소리가 당신을 비난하는 내용을 모두 적어보라. 그 목소리가 기대하는 것은 무엇인가?

- 그 기대에 부응하는 당신이 어떤 모습의 사람일지 묘사해보자. 흠 하나 없는 이상적인 사람인가?
- 당신이 피해자가 아니라 바로 그 내면의 무자비한 목소리라고 상상해보라. 우월감이 생겨서 결점 있는 인간(즉, 다른 당신)을 얕보고 경멸하게 되는가? 그래서 당신이 강한 사람처럼 느껴지는가? 승자처럼 느껴지는가?

다음 단계

이제는 수치심이 우리 감정에 어떤 역할을 하는지 그리고 우리가 수치심을 피하기 위해 어떤 방어기제를 사용하는지(남들의 관심과 선망의 대상이 되기를 바라는 나르시시즘, 남 탓하기, 경멸) 전반적으로 파악됐을 것이다.

수치심이 있으면 자기에게 결함이 있다는 인식도 따라온다. 지금까지 이 책을 읽으면서 자신에 대해 몰랐던 사실을 알게 됐다면 수치심이 예전보다 더 커졌을지도 모른다. '생각했던 것보다 내게 문제가 더 많은 건 아닐까, 절대 변할 수 없는 건 아닐까' 하고 두려울 수도 있다.

낙담할 필요는 없다. 3부에서 새로운 지식을 이용해 자신이 사용 중인 방어기제를 인지하고 그것을 해체하는 법을 배울 것이다. 명심해야 할 사실이 한 가지 있다. 누구나 고통스러운 감정 때문에 힘들어하고 그걸 피하기 위해 방어기제에 의지하지만, 용감하게 내면을 들여다보고 그 방어기제에 도전장을 던지는 사람은 별로 많지 않다는 것이다.

여기까지 온 것만으로도 당신은 용감한 사람이다. 이제 3부로 넘어가보자.

3부

진짜 나로 살아가기

방어기제 내려놓는 법

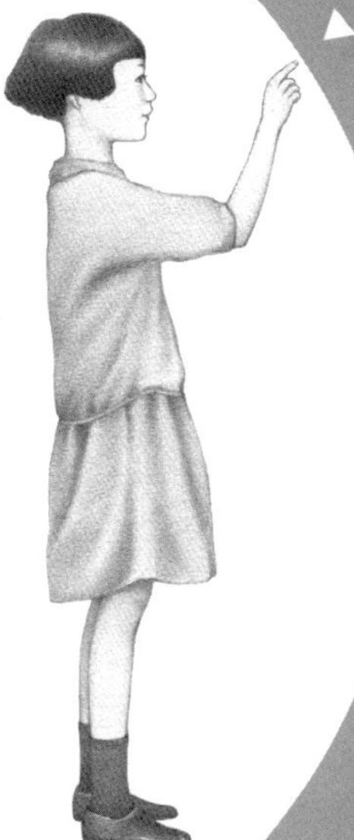

12장

변화를 위한 작은 첫걸음

자유의 대가는 끊임없는 경계다.

—토머스 제퍼슨Thomas Jefferson

지금까지 다양한 심리적 방어기제에 대해 충분히 읽고 연습에 충실히 임했다 해도 조금은 주눅이 들어 있을 것이다. 평소에 자기 자신에 대해 갖고 있던 생각이 완전히 뒤흔들렸을 테니 말이다. 나는 당신이 지금까지와는 다른 시선으로 자신이나 다른 사람들을 바라볼 수 있기를 바란다. 우리를 고통으로부터 지켜주는 심리적 방어기제의 역할을 알고 나면, 인간 심리와 인간관계의 세계가 훨씬 더 복잡해 보인다. 더 풍요롭고, 더 다채롭고, 더 매혹적으로 보인다.

특정 문제에 대처하는 특정 기법을 가르쳐주는 자기계발서와 달리 이 책은 당신의 시야를 넓혀주고 당신이 약간이나마 스스로를 치유할 수 있도록 돕고자 한다. 새로 알게 된 것에서 최대한 이득을 얻으려면 이를 매일 규칙적으로 적용할 수 있도록 노력해야 한다. 감정적으로 힘든 일이 생길 때 자신이 어떻게 반응하고 방어하는지 주의를 기울여야 한다.

2부의 설명과 연습을 제대로 통과했다면 자기 안에 지도가 하나씩 생겼을 것이다. 아주 상세하지는 않더라도 자신의 주된 심리적 문제가 표시된 지도 말이다.

남의 도움이 필요하거나 남에게 신세를 질 때 드는 기분.

강렬한 감정에 대처하는 능력.

수치심을 불러일으키는 민감한 곳.

고통으로부터 자신을 지키는 데 일반적으로 어떤 방어기제가 가장 잘 먹히는지 스스로 알고 있어야 한다.

방어기제의 강도

방어기제는 우리가 인지한다고 해서 그냥 사라지지 않는다. 평생에 걸쳐 길러진 정신적 습관으로 우리 뇌 속 신경연결망과 경로에 새겨져 있기 때문이다. 방어기제가 강화될수록 신경경로에 더 깊이 새겨진다. 사람들이 많이 다니는 길에 깊이 파인 바큇자국으로 생각하면 이해하기 쉬울 것이다. 힘든 지역을 여행할 때마다 우리는 그 바큇자국을 따라가는 경향이 있다. 즉, 예전과 똑같은 방어기제를 사용한다.

그 바큇자국에서 벗어나려면 감정적 지형을 바꾸거나, 아니면 다른 길을 찾아야 한다. 다른 기법을 만들 때조차, 말하자면 새로운 바큇자국을 낼 때조차 훨씬 더 오랜 세월 동안 많은 차들이 지나간 원래 자국들은 늘 문제가 될 것이다. 늘.

수치심과 연관해서 설명했듯이, 아기에게 필요한 감정적 영양분을 양육자가 제대로 제공해주지 못하면 아기의 뇌는 비정상적으로 발달하고 그 상태가 지속된다. 그런 환경에서 자란 사람의 성격과 방어기제에는 어릴 적 경험의 흔적이 평생 따라다닐 것이다. 이른바 화학적 불균형을 고쳐주는 약물로도 치료가 안 된다. 뇌의 해부학적 구조가 영구적으로 바뀌어버렸기 때문이다. 긍정적인 말을 아무리 외쳐도, 인지적 행동 기술을 배워도 위안은 얻을 수 있을지언정 그걸 이겨낼 수는 없다.

그렇다고 해서 진정한 변화가 불가능한 건 아니다. 나의 심리치료사는 내 마음속에 있는 건 아무것도 없애버릴 수 없다고 말하곤 했다. 다른 일면을 성장시켜 부족한 부분을 메우는 수밖에 없다. 통찰력을 갖고 정말 열심히 노력하면 이미 가해진 손상을 일부나마 상쇄해줄 새로운 신경연결망을 만들어낼 수 있다. 신경가소성에 관한 최근 연구는 뇌가 성인기에도 계속 성장하고 발달할 수 있음을 보여준다.

지속적이고 진정한 변화를 위해서는 치유나 완전한 변신은 불가능하다는 사실을 받아들여야 한다. 자신을 잘 알고, 자신의 문제점과 그에 대처하는 자기만의 방식을 인지해야 성장을 위한 여정을 시작할 수 있다. 그때야 비로소 자신의 감정 세계를 잘 항해하게 도와줄 새로운 기술과 능력을 기를 수 있다.

경계

또한, 최대한 많이 그리고 꾸준히 자신에게 주의를 기울일 필요가 있다. 이 장의 처음에 인용한 토머스 제퍼슨의 말은 어렵게 얻어낸 자유를 지키려면 정치적으로 경계해야 한다는 뜻이지만, 그 법칙은 심리적·감정적 자유에도 적용된다. 가장 힘겨운 감정적 문제에 냉담해질 수는 없다. 수치심을 극복하고 영원히 떠나보내는 건 불가능하다. 고통스러운 감정을 유발하는 자극이 찾아오면 처음에는 익숙한 옛 방식으로 일단 막고 보는 반응이 나올 수밖에 없다.

자신에게 끊임없이 주의를 기울이고, 평소에 가동 중인 방어기제를 관찰하고, 가능하면 그 방어기제를 사용하지 않기로 선택하며 부단히 경계해야 휘둘리지 않을 수 있다. 여러 번 반복해서 예전과 다른 선택을 해야 새로운 습관을 만들 수 있다. 지그문트 프로이트와 그 뒤의 많은 정신역동 이론가들이 이해하게 됐듯, 통찰로는 부족하다. 심리치료 상담을 하는 동안 '아하!' 하고 자기 자신에 대해 몰랐던 부분을 이해하게 되는 강렬한 순간이 오지만, 그 깨달음이 저절로 변화로 이어지지는 않는다. 평생에 걸쳐 변화를 위한 선택을 해야 진정한 변화를 이룰 수 있다.

여느 기술과 마찬가지로 꾸준히 주의를 기울이는 능력을 기르는 데는 시간이 걸린다. 더 나은 연주자가 되려면 매일 연습해야 하듯이, 규칙적인 노력을 통해 기술을 갈고닦아야 한다.

감정 집중을 방해하는 요인

자기 자신이 아닌 다른 것에 계속 정신이 팔리면 작동 중인 방어기제를 인지할 수 없다. 현대인은 하루 종일 딴 일에 신경을 쓰느라 내면을 들여다볼 시간이 별로 많지 않다. 직업과 가정사뿐만 아니라 여러 가지 활동이 끊임없이 우리의 자기탐구를 방해한다.

페이스북
음악
텔레비전과 영화
뉴스
인스타그램
웹서핑
현실 도피적 소설
이메일과 문자
쇼핑
직장에서 해야 하는 일
배우자

누구나 즐길 거리가 필요하다. 일상의 스트레스에 빼앗긴 기운을 되찾기 위해 다들 나름의 방식으로 휴식을 취하고 새로운 힘을 얻는다. 이런 기분전환도 꼭 필요하고 어쩔 수 없이 주의를 기울여야 하는 다른 일들도 있지만, 그 사이에 공간을 비워둬야 한다.

어떤 면에서는 주의산만 자체가 하나의 방어기제다. 우리는 텔레비전, 음악, 이메일, 인터넷으로 끊임없이 한눈을 팔면서 알고 싶지 않은 사실로부터 달아난다. 수많은 감각적 소리가 고통을 삼켜버리게 한다. 변화를 원한다면, 그 소음 속에 고요한 공간을 일궈내고 자신의 감정에 주파수를 맞출 줄 알아야 한다.

마취

합법적이거나 불법적인 물질로 감정을 마비시키는 사람도 있다. 내적인 방어기제가 먹히지 않으면 약물과 알코올을 보조 방어기제로 사용해서 고통을 누그러뜨리는 것이다. 가끔은 고민을 잊어야 하고, 이런 마취제가 도움이 될 수도 있다. 하지만 지나치게 의존하면 더 효과적인 대처 전략을 짜기가 어려워진다. 고통을 인식할 수가 없기 때문이다.

대부분은 자신이 약물이나 알코올을 지나치게 사용하고 있는지 아닌지, 지나치다면 줄여야 하는지 굳이 남에게 듣지 않아도 안다. 가끔씩 그렇지 않을까 하는 의구심이 들어 괴롭다면, 다른 사람들이 그 문제로 자신을 비난한다고 상상한다면, 또는 누군가가 그 문제로 농담할 때 방어적인 자세를 취하게 된다면 주의를 기울여야 한다. 반드시 모든 약물과 알코올을 완전히 끊어야 하는 건 아니지만, 끊임없이 자기 자신과 고통을 마비시킨다면 그 고통에 대처하는 더 나은 방법을 배울 수 없다.

변화를 위해서는 약물이나 알코올에 대한 의존도를 줄여서, 자신의 고통과 고통을 막기 위해 자신이 사용하고 있는 방어기제를 명확히 인식해야 한다.

마음챙김

최근 마음챙김 수련이나 명상에 대한 대중의 관심이 높아졌다. 원래 불교에서 말하는 일곱 가지 깨달음의 요소 중 하나인 마음챙김은 불안감과 강박장애를 비롯한 다양한 정신적·심리적 질환을 완화해주는 한 방법으로서 서구 심리학에 통합됐다.

부처는 우리의 신체 기능, 감각, 감정 그리고 생각과 지각을 차분히 인식함으로써 일상 속에서 마음챙김을 행하기를 권했다. 명상 수련을 할 때 우리는 특정한 신체 경험(보통 호흡)에 의식을 집중한다. 마음이 딴 곳으로 흘러갔다는 걸 깨달을 때마다 서서히 초점을 다시 맞춘다. 불교의 가르침에 따르면 이런 명상 수련의 궁극적 목표는 깨달음이다. 그 경지에 이르면 분노와 증오 같은 감정이 극복되고 우리 마음에서 사라진다.

내 경험상 분노와 증오는 인간이라면 겪을 수밖에 없는 보편적인 경험이기 때문에 마음챙김의 이런 목표는 지나치게 이상적인 얘기처럼 들린다. 하지만 한편으로 마음챙김 기법은 나와 내담자 모두에게 보조장치로서 아주 귀중하다. 내담자 일부는 명상 수련의 유용한 점을 발견했고, 그보다 더 많은 내담자는 내 명상 방식을 따르기로 결정했다. 하루에 여러 번, 자신의 호흡에 집중하는 동시에 머릿속에 흐르는 생각과 말에서 떨어져 나오려고 노력하는 것이다.

특히 사고를 주된 방어기제로 사용하거나(10장), 수치심을 피하기 위해 남을 자주 탓하는(11장) 사람들은 머릿속 말에 잠식당하고 휩쓸리기 쉽다. 우리는 언어적 사고 과정 '안에' 있기 때문에 자신이 그런 생각을 하고 있음을 깨닫지도 못한다. 호흡에 집중하면 생각의 흐름에서 벗어나 거리를 두고 머릿속 말들을 지각할 수 있다.

바로 지금 시도해보길 바란다. 이 단락과 다음 단락을 읽은 후 책을 내려놓고 호흡에만 집중해보자. 가슴이 올라가고 내려가는 걸 느껴보라. 공기가 들어오고 나갈 때 콧구멍의 느낌이 어떻게 다른가. (내 경우엔 숨을 들이마실 땐 콧구멍이 차갑고, 폐에서 데워진 공기를 내뿜을 때는 따뜻하게 느껴진다.) 다른 신체 부위들로 의식을 확장해 감각에 집중해보자. 앉아 있다면 의자가 등을 짓누르는 압력이 느껴질 것이다. 산들바람이 분다면 바람이 피부에 와닿는 느낌이 날 것이다.

머릿속에 생각이 떠올라 정신이 흐트러지기 전까지 얼마나 오래 고요한 의식 상태를 유지할 수 있을까? 내담자들은 처음 시도했을 때 겨우 두세 호흡 만에 머릿속에서 생각이 시작됐다. 결코 쉬운 일이 아니다. 호흡에 집중하다가 주의가 흐트러지는 게 느껴지면, 가슴이나 콧구멍으로 다시 주의를 돌리면서 머릿속 말의 흐름으로부터 서서히 떨어져 나오면 된다. 실패한 게 아니니 자책할 필요는 없다.

목표는 완벽한 마음챙김이 아니라 감각을 의식하고 평소에 우리가 잘 휩쓸리는 생각의 흐름으로부터 거리를 두는 것이다. 그 흐름에서 벗어나 강둑에 서서 흘러가는 생각을 관찰하는 것이다. 물론 하루 종일 마음챙김 상태로 있을 수야 없지만, 머릿속에 고요한 시간을 잠깐이라도 만들어낸다면 도움이 될 것이다.

변화를 원한다면 이런 마음챙김을 일상으로 만들어야 한다. 마음챙김 명상에 관한 훌륭한 책•을 읽고 매일 수련하기로 마음먹는다 해도 더 중요한 건 일상 속에서 자신의 호흡에 집중하는 연습을 지속하는 것이다. 처음엔 하루에 몇 번 한두 호흡에만 집중해도 좋다. 연습할수록 더 능숙해질 것이다.

사고를 방어기제로 사용하지 않는 사람도 호흡에 집중하는 연습을 하면 자기인식이 높아지고 몸의 감각을 제대로 느낄 수 있다. 주의를 머리에서 몸으로 돌리는 이 과정은 자신이 어떤 감정을 느끼고 있는지 잘 모르는 많은 사람들에게 있어 감정을 확인하기 위한 첫걸음이다.

• 틱낫한의《틱낫한 명상: 살아가는 모든 순간을 기적으로 바꾸는The Miracle of Mindfulness》을 추천한다.

감정의 위치 찾아내기

명백하지만 사람들이 자각하지 못하는 사실이 있다. 인간의 모든 감정은 "생리적 각성, 표현 행동, 의식적 경험"•을 수반한다는 것이다. 우리는 뭔가를 느끼면, 그 느낌을 의식하고, 뭔가를 하며(행복해서 미소 짓거나 불쾌해서 얼굴을 찌푸리거나), 그 감정에 일반적으로 동반되는 신체적 감각을 경험한다. 그 감각을 실제로 알아채느냐 하는 건 또 다른 문제다. 알아채지 못하면, 감정을 계속 의식하지 못할 것이다. 감정을 깨닫지도 못한 채 얼굴을 찡그릴 것이다.

자신의 감정과 거의 접촉하지 않는 내담자와 상담할 때 나는 신체에서 감정이 나타나고 있는 곳을 읽고 특정 감정의 신호가 되는 감각을 인지하는 방법을 가르쳐준다. 마음챙김은 이 과정이 순조롭게 진행되도록 도와준다. 머리에서 몸으로 주의를 돌리면 감정을 인지하기가 더 쉬워진다.

예를 들어, 나는 슬퍼지면 대개 다음과 같은 감각이 찾아온다.

눈: 눈물이 차오르지 않더라도 눈이 평소보다 더 민감해진다.

입/목: 목 안이 아프고 입에 침이 고인다.

가슴: 답답하거나 통증까지 느껴진다. 호흡이 짧아지고 떨린다.

배: 불편하거나 메스꺼워진다.

• David G. Meyers. Theories of emotion, *Psychology*, 7th Ed. (Yew York: Worth Publishers, 2004), p. 500.

모든 사람의 반응이 나와 똑같지는 않겠지만, 슬픔의 감각이 같은 곳에서 나타날 확률은 높다. 분노는 내 턱과 관자놀이에서 나타난다. 등과 어깨가 긴장된다. 얼굴과 상체에 열이 오른다. 당신도 같은 곳에서 분노를 찾을 수 있을 것이다.

정신없는 일상과 머리에서 벗어나 몸으로 주의를 돌리자. 몸에서 서 나타나는 신호를 통해 감정을 알아채고 마음의 고요를 찾아야 한다. 어떤 감정을 찾을지 또는 못 찾을지 미리 단정 지어서는 안 된다. 어떤 감정이든 마주할 준비가 돼 있어야 한다.

감정의 오류

하지만 어떤 감정이 느껴진다고 해서 그 감정이 꼭 객관적 진실을 말해준다고는 할 수 없다. 최근 좋아하게 된 사람을 이상화하면서 뜨거운 사랑의 열병을 앓고 있든, 지인의 멍청한 행동에 치가 떨리든, 가족의 무신경함에 분노가 치밀든, 그 감정을 꼭 신뢰할 필요는 없다.

방금 감정의 위치를 확인하는 방법을 제시한 심리치료사가 이런 조언을 하다니 이상하게 들릴 만도 하다. 심리치료와 자기탐구의 목표 중 하나가 자신의 감정과 접촉하는 것이지만, 가끔은 감정을 의심할 필요가 있다. 발끈한 순간에 그 강렬한 감정이 틀림없는 진실로 보여서 그 감정에 따라 행동했다가 손해를 보는 경우가 많다.

변화를 원한다면 힘겹고 괴로운 감정과 접촉하고, 가끔은 그 감정이 방어적일 수도 있음을 명심해야 한다. 이 문제에 대해서는 다음 장에서 더 자세히 얘기하도록 하겠다.

편견 없는 정직함으로

우리는 다른 사람에게 가져야 하는 감정에 대해 수많은 메시지를 받는다. 부모님이 우리에게 처음 읽어주는 동화책에서부터 시작해 유치원을 지나 어른이 돼서까지 관대함과 사랑, 감사하는 마음, 관용, 용서, 공평함 등 자유로운 사회가 번영하게 해주는 감정과 태도를 가지라고 배운다. 간단히 말해, '올바른' 감정을 가지라는 지시를 끊임없이 받고 있다.

늘 서로를 사랑하고 너그럽게 봐준다면야 사회는 (덜 흥미로워도) 더 편안한 곳이 되겠지만, 사실 인간은 시종일관 좋은 사람일 수 없다. 분노나 증오, 질투, 시기처럼 사회적으로 용인되지 않는 감정 역시 우리의 감정구조에서 빠질 수 없는 요소다. 변화를 위해서는 이런 감정을 피할 수 없다는 사실을 받아들여야 한다. 그런 감정이 생겨날 때 잘 대처하는 방법을 배우는 수밖에 없다.

고통스러운 감정을 알아채기만 하면 극복하거나 없앨 수 있으리라는 기대도 금물이다. 우리 목표는 이런 문제에 시달리지 않는, 더 현명하고 더 좋은 사람이 되는 게 아니다. 어쩔 수 없이 찾아오는 힘겨운 감정에 더 건전하게 대처하는 방법을 찾는 것이다. 분노나 시기나 질투를 전혀 느끼지 않는다고 믿으면서 스스로를 속이지 말자.

훌륭한 사람이 되려고 애쓰기보다는 현재의 나에게 집중하고 그 모습을 받아들이려고 노력해야 한다.

용기와 연민

방어기제가 고통을 피하기 위해 스스로에게 하는 거짓말이라면, 방어기제가 작동하는 이유는 우리가 그 고통을 느끼는 걸 두려워하기 때문이다. 당연한 소리다! 더군다나 그 고통이 얼마나 강할지, 얼마나 오래갈지 모르는 상황이라면 고통을 피하지 않고 마주하기가 아주 두려울 것이다. 하지만 고통을 이해하고 그에 대처하는 좀 더 효과적인 방법을 찾으려면 고통을 마주해야만 한다. 그러려면 용기가 필요하다.

변화를 원한다면 용기를 내야겠지만 자신을 너무 심하게 몰아붙이지 말고 한계 또한 인정해야 한다. 좋은 부모가 자녀에게 하는 것처럼, 연민과 기대 사이에서 균형을 잘 잡아야 한다. 감정적인 문제에서 너무 쉽게 달아나도 안 되고, 스스로를 지나치게 채찍질해도 안 된다. 고통이 다가오기 시작하면 용감하게 맞서되, 견딜 수 없는 일을 자신에게 강요해서는 안 된다. 모든 기법이 그렇듯, 이런 인내력을 기르려면 시간이 걸린다. 고통을 한 번에 모두 마주할 필요는 없다.

선택을 준비하라

간단히 말해, 변하고 싶다면 힘겨운 진실을 받아들이고 일정한 정신적 습관을 길러야 한다. 우선, 반복해서 말하지만 방어기제를 인지한다고 해서 그게 사라지는 건 아니라는 사실을 받아들여야 한다. 방어기제와 씨름하는 건 끊임없는 도전이다. 그 도전에 응하려면 우리 자신과 몸에 더 세심한 주의를 기울이고, 다른 곳에 한눈파는 걸 최소화해야 한다.

변화를 원한다면 늘 경계하고, 용기를 내고, 자신의 한계에 대한 연민과 확고한 기대 사이에서 균형을 잘 잡아야 한다. 추악하거나 고통스러운 감정을 피할 수 없음을 인정하고, 방어적인 성격을 띤 감정에 대해서는 의심을 품을 줄 알아야 한다. 진실을 찾아 나서는 훌륭한 과학자처럼, 뭘 발견하든 그것을 받아들일 각오가 돼 있어야 한다.

새로운 진실이 밝혀지고 나면, 그러니까 가동 중인 방어기제를 확인하고 그 이면의 고통을 느낀 다음에는, 문제에 어떻게 대응할지 결정해야 한다. 통찰과 자각은 우리의 힘겨운 감정을 없애주지 못한다. 하지만 반사적이고 무의식적으로 고통에서 달아나버리는 대신 더 효과적인 다른 방법으로 대응할 가능성을 만들어준다. 다음 장에서는 방어기제를 해체하는 데 있어서 선택이 하는 역할에 대해 이야기해보자.

13장

두려움 대신 책임을 선택하는 연습

마음을 바꿀 것인가 아니면 그럴 필요가 없다는 걸 증명할 것인가, 이 선택의 기로에 서면 거의 모든 사람이 증명하느라 바쁘다.

—존 갤브레이스John Galbraith

어떤 방어기제가 작동 중이라는 걸 의식하고 나면 이제 결정을 내려야 한다. 당장에 무의식적으로 나오는 반응을 계속 따를 것인가, 아니면 변화를 위해 싸울 것인가. 예전과 다른 방식을 선택한 다음 그 결정을 끝까지 고수하려면 큰 노력이 필요하다. 바큇자국이 깊이 난 길을 달리는 바퀴를 생각해보라. 익숙한 옛 자국 쪽으로 빠지지 않으려면 지속적인 주의와 에너지가 필요하다.

변화를 위해 몸부림칠 때 우리는 옛 거짓말을 뒷받침해줄 새로운 거짓말, 익숙한 방어기제를 고수할 새로운 이유를 만들어낸다. 변화를 포기하라고 스스로를 설득하려고 들 때마다 우리는 또다시 중요한 선택의 기로에 서게 된다. 새로운 거짓말을 믿고 바큇자국을 따라

갈 것인가, 아니면 계속 싸워나갈 것인가. 의미 있는 변화를 위한 여정에는 심리적으로나 정서적으로나 부담이 될 어려운 결정이 끊임없이 이어진다.

엄밀히 말해 방어기제와는 관계없지만, 변화를 위한 싸움이 얼마나 힘겨운지 또렷이 보여주는 사례가 있다. 살을 빼려고 시도해본 적이 있다면 누구나 공감할 수 있을 것이다. 이 예시는 익숙한 습관에서 벗어나려 할 때 우리가 스스로를 갉아먹는다는 사실을 증명해준다.

금요일, 다이어트 3일째, 박탈감이 느껴진다. 체중계 바늘은 아직 꿈쩍도 하지 않는다. 이 다이어트 방식이 당신에게 맞는지, 실제로 효과가 있을지 의문이 들지만 그래도 어쨌든 계속해나간다. 오후에 직장 친구가 퇴근하고 나서 다른 동료들과 함께 한잔하자고 한다. 재미있을 것 같다. 힘든 때에 크게 위로가 될 것 같다. 알코올은 다이어트 식단에 없지만, 다이어트 콜라를 시키면 된다.

마침 술집이 할인을 하는 시간이다. 친구들은 뷔페 테이블에 가서 접시에 닭날개 구이와 새우튀김을 잔뜩 담아서 돌아온다. 당신은 다이어트 콜라를 홀짝이고, 집에서 가져온 당근을 조금씩 갉아 먹는데, 배가 고프다. 동료가 주문한 마르가리타가 정말 맛있어 보인다. 한 잔씩 마신 친구들은 모두 기분이 좋아 보이는데 당신은 점점 더 부루퉁해진다.

결국 당신은 이런 상황에서 혼자만 제대로 못 먹는 건 너무하다는 생각이 들어 결심을 꺾기로 한다. 지금 술을 마셔야 다이어트를 계속할 수 있을 것 같다. 술은 칼로리가 얼마나 될까? 내일 다른 음식을 적게 먹으면 만회되겠지. 맛있는 마르가리타를 주문하고 나니 곧장 기분이 풀리기 시작한다. 마르가리타가 목구멍으로 술술 잘도 넘어간다. 닭날개 구이의 달콤한 향이 코를 찌른다. 어느새 당신은 당신도 모르는 사이 다이어트를 그만두기로 결정해버리고는('내게 맞지 않는 다이어트가 분명해') 뷔페 테이블로 향한다.

이 사건을 되돌아보자. 당신이 마주쳤던 선택의 기로와 스스로에게 했던 거짓말들. 당신은 아주 은밀한 방식으로 자신을 나약하게 만들었다. 곧장 다이어트를 포기하지 않고, 좋은 판단을 내릴 수 있는 능력을 조금씩 깎아냈다.

'힘들 때 친구들이랑 가볍게 한잔하는 정도는 위로가 될 거야.'

잘못된 선택 1. 위로를 얻을 수 있을지는 몰라도, 다이어트를 위태롭게 만들 온갖 장애물이 있는 환경에 제 발로 걸어 들어간 셈이다. 동료들은 칵테일을 마시는데 당신은 다이어트 콜라로 만족할 거라는 말은 거짓말이다.

'조금 느슨해지는 때도 있어야 지치지 않고 다이어트를 계속할 수 있을 거야.'

잘못된 선택 2. 박탈감을 최소화하기 위해 '딱 한 잔만' 마시겠다는 건 알코올이 판단력을 흐려놓는다는 사실을 무시한 결정이다. 다이어트를 완전히 그만두기 일보 직전이라는 걸 내심 알면서도 스스로에게 인정하지 않았을 뿐이다. 대신에 마르가리타로 자신과의 약속을 깬다. 스스로 인정하지 않더라도 술이 들어가면 평소보다 훨씬 더 기가 앏아진다는 걸 당신은 알고 있다.

'이 다이어트는 나한테 안 맞으니까 계속해봐야 아무 소용없어.'

잘못된 선택 3. 술을 쭉 들이켜고 난 지금, 당신은 스스로에게 하는 거짓말을 뭐든 다 믿을 것이다. 다이어트를 포기하고 옛 생활로 돌아가 피해야 할 음식을 먹고 또 다른 한 잔을 마실 것이다. 어쨌든 금요일이니까!

변화에 대한 저항

심리적 방어기제를 해체하고 평소와 다른 뭔가를 시도하는 것은 다이어트와 비슷하다. 변화와 성장(체중감량)에 온 마음을 바칠 수 있다면 좋겠지만, 우리는 옛 습관을 쉽게 털어버리지 못하고 현재 상태에 대한 도전에 저항한다. 늘 먹던 음식을 포기할 때 박탈감이 생기듯이, 방어기제를 떼어놓으려 하면 좌절감이 든다. 방어기제의 도움으로 피했던 고통을 느껴야 하니 말이다.

우리는 변화를 원하면서도 진짜로 원하지는 않는다. 그래서 결심을 꺾고 익숙한 방어기제로 돌아가고픈 충동을 아주 강하게 느낀다. 살을 빼려고 마음먹으면 다이어트를 위태롭게 하는 음식이 계속 생각나는 것처럼. 방어기제의 도움으로 고통을 피하고 있다가, 어느 날 갑자기 그 고통을 두 팔 벌려 껴안기는 어렵다.

익숙하지 않은 것과 마주해 낯설고 고통스러워지면 두려움도 함께 찾아온다. 변화는 무섭다. 무의식을 마주하면 견딜 수 없을 정도로 고통스러울 것만 같다. 방어기제를 버리려고 노력할 때에는 앞으로 계속 나아가 고통에 맞설지, 아니면 익숙한 옛 방식으로 돌아갈지 결단해야 하는 상황이 계속해서 생긴다. 변화에 저항하고픈 충동으로 잘못된 선택을 하고 옛 거짓말을 뒷받침해줄 새로운 거짓말을 만들어낼 수도 있다.

자기 자신에게 얼마나 솔직한가, 내면의 거짓말을 감지하고 더 나은 선택을 하는 데 얼마나 능숙해지는가에 따라 변화의 정도가 달라진다. 한 사례를 통해 그 원리를 살펴보자.

더 어려운 선택

내담자인 니콜은 부정 상태에 자주 빠진다. 자기가 무슨 일이든 감당할 수 있는 만능인이라고 믿지만, 사실은 자신의 한계를 인정하지 않아서 쉽게 무너지고 주눅 들 수 있는 사람이다. 자신을 아주 유능한 사람으로 여기고 점점 더 많은 일을 떠맡다가 결국엔 과부하가 걸리고 만다.

니콜은 어린 시절 입은 깊은 상처(양쪽 부모 모두 정신병력이 있었다)와 그 결함에 따른 한계에 대해 느끼는 수치심을 나르시시즘이라는 방어기제로 피하고 있다. 감정의 압박 속에서 그의 생각은 점점 더 고삐 풀린 망아지처럼 날뛰고 일관성이 없어진다. 니콜은 약한 환각이나 환청을 겪고 급기야는 잠도 이루지 못하게 됐다.

상담을 하는 동안 이런 상황이 여러 번 반복됐다. '나는 괜찮다'는 부정과 고집, 그리고 감당하기 버거울 정도로 너무 많은 일을 맡아

압박감에 무너지면 찾아오는 감정적 혼란. 그렇게 무너진 뒤 니콜은 자신이 완벽한 재앙, 구제불능의 패배자라고 느끼며 우울증에 빠진다. 자신과 미래에 대한 희망이 사라지고…… 그러다가 점차 회복하고는 또다시 부정 상태에 빠지고 만다.

어느 날, 니콜은 바쁘게 일을 하다가 자신의 생각에 주의를 기울였고, 예전에 자주 그랬던 것처럼 스스로에게 더 많은 일을 강요하고 있다는 사실을 깨달았다. 근무 시간표를 보니 단 한 시간의 휴식이 있었다. 서두르면 코스트코에 다녀올 수 있는 시간이다. 니콜은 힘이 솟구치는 걸 느끼며 '아주 유능한 인간' 모드로 들어가기 시작했다. 그는 특정 요일마다 늦게까지 일하기 때문에 그날은 보통 저녁 식사를 간단하게 준비한다. 슈퍼 니콜 모드로 바뀌어가던 중에 만들고 싶었던 복잡한 요리가 하나 떠올랐다. 코스트코에서 필요한 재료를 대부분 산 다음 집으로 가는 길에 동네 슈퍼마켓에 들르면 된다. 그러면 남편과 아이들이 엄청 감동하겠지!

여기까지 생각했을 때, 니콜은 무슨 일이 일어나고 있는지 인지했고 자기가 스스로에게 하고 있는 거짓말을 죄다 파악할 만큼 자신을 잘 알고 있었다. 하지만 당장이라도 세계를 정복할 것만 같은 슈퍼 니콜이 되는 기분은 아주 좋았다. 짬을 내 코스트코에 다녀오고 힘든 근무 후에 화려한 식사까지 준비하는 건 불가능하다는 사실을 인정하고 자신의 한계를 마주하기는 끔찍이 싫었다. 그는 뭐든 할 수 있는 승자가 되기를 간절히 원했다!

니콜은 선택을 해야 했다. 안 그래도 바쁜 와중에 코스트코까지 다녀오는 건 누구에게나 힘든 일이다. 스트레스를 받으면 쉽게 무너지는 니콜에게는 특히 더 그랬다. 예전처럼 부정과 자기애적 방어기제에 의존해 자신이 아주 유능한 승자라고 믿을 것인가? 아니면 자신의 결함과 한계, 그리고 거기에 따라오는 수치심을 감안해 더 나은 선택을 할 것인가? 자신 안에서 다툼이 계속됐다.

'물론, 예전엔 너무 많은 일을 떠맡는 문제가 있었지만, 그 후로 많이 성장했잖아. 이젠 코스트코에 다녀오는 것쯤은 쉽게 할 수 있어. 그리고 저녁 식사에 대해서 말하자면, 어쨌든 요리를 할 거 아니야. 20분 더 걸린다고 대수야?'

니콜은 자신의 거짓말을 간절히 믿고 싶었다. 하지만 결국 그러지 않았다. 휴식 시간에 코스트코에 가지 않고 사무실에 남아 쉬면서 책을 읽었다. 손이 많이 가는 요리를 만드는 대신 원래 계획대로 간단한 파스타를 준비했다.

그 결과 니콜은 원치 않았던 감정을 많이 느꼈다. 슈퍼 니콜이 될 수 없다는 분노. 어린 시절의 정서적 상처 때문에 많은 한계를 갖고 있다는 수치심. 과거를 완전히 극복할 수 없으리라는 슬픔. 그런 고통스러운 감정을 아주 유능한 사람이라는 도취감 대신 선택하려면 강인함과 용기가 많이 필요했다. 쉽지 않았다. 니콜은 현실을 받아들여야 한다는 걸 분하게 여겼다. 하지만 더 나은 선택을 했기에 무너지지 않았고, 우울증에 빠지지도 않았다.

그 뒤로 니콜은 가끔 방어를 택하기도 했다. 변화는 결과가 아니라 과정이며, 완전히 일직선으로 이뤄지지도 않는다. 간신히 고통과 마주할 때도 있지만, 어느 한순간에 옛 습관으로 돌아가버리기도 한다. 수년간 심리치료를 받았고 또 오랫동안 심리치료사로 일하고 있는 나도 여전히 잘못된 선택을 한다. 니콜과 마찬가지로, 내가 예전에 사용했던 방어기제는 늘 나를 유혹한다. 삶이 유독 힘들거나 고통스러우면 다시 거기에 의존하게 될 것이다. 나는 더 나은 대응방법을 강구하고 최대한 나 자신에 대한 진실과 마주하려고 노력하며 계속 힘겨운 싸움을 하고 있다.

그러니 완벽을 기대해서는 안 된다. 하루아침에 변한 뒤 다시는 과거로 돌아가지 않는 건 불가능하다. 자신의 일부를 완전히 지워버리거나 초월할 수는 없다. 변화는 진행되는 과정이다. 진정한 성장을 바란다면, 우리가 끊임없이 방어의 유혹을 받으며 스스로를 속인다는 사실을 받아들여야 한다. 변화와 성장의 과정에서 우리는 계속 선택의 기로에 설 것이다. 예전처럼 방어할 것인가, 아니면 옛 방식에서 벗어나려고 노력할 것인가. 선택은 앞으로도 계속될 것이다.

악기 연습과 비슷하다. 배움에 끝이 없고, 꾸준히 연습하며 노력해야 한다. 그러면 실력이 계속 늘 것이다. 게으름을 피우면 실력이 녹슬 것이다. 어느 날 갑자기 완성 상태에 도달한 다음 영원한 휴가를 떠날 수는 없다.

나처럼 니콜도 피아노를 친다. 그는 아주 열심히 연습하지만, 편한 마음으로 하지 못한다. 세련된 연주자가 돼야 한다는 목표에 내몰려 자신을 혹독하게 몰아붙인다. 충분히 노력하면 슈퍼 니콜 같은 완벽하고 우월한 상태에 도달할 거라고 믿는다. 나는 그에게 피아노 연습을 목표를 이루기 위한 수단으로만 보지 말고, 고된 노력과 계속되는 도전 자체를 즐길 줄도 알아야 한다고 강조한다.

변화에 완성형은 없다. 고민 같은 건 더 이상 하지 않아도 되는 새롭고 개선된 나에 도달할 일은 없다. 우리는 계속 도전에 직면하면서, 익숙한 옛 방식으로 대응하고픈 유혹을 느낄 것이다. 그래서 방어기제에 의존할지 아니면 다른 방식을 시도할지, 둘 중 하나를 선택해야 한다. 가끔이라도 변화를 위한 마음가짐을 유지하고 선택을 잘한다면 평생에 걸쳐 계속 성장할 수 있다.

수치심과 마주하기

또 다른 내담자인 스탠은 인생의 대부분을 견딜 수 없는 수치심에 시달리면서 11장에 설명된 방어기제에 의존했다. 특히, 남 탓하기를 주된 방어기제로 사용했다. 아내와 이견이 생길 때마다 머릿속에서 아내에게 폭언을 퍼부었다. 마음속으로 아내의 행동에 불만을 늘어놓았다. 그의 인간관계는 평생 이런 패턴으로 이어져왔다. 이런 방어적 태도 이면에서 스탠은 어린 시절에 겪은 감정적 학대의 상처와 씨름하고 있었다. 다시 말해, 원초적 수치심에 시달리고 있었다.

2008년에 시작된 경기침체 동안 스탠의 사업이 잘 안 풀려 가족이 큰 시련을 맞았고, 그가 손실을 만회하는 동안 아내가 가족 부양의 짐을 거의 다 짊어졌다. 아내는 남편을 비난하지도, 자기가 무거운 책임을 져야 하는 상황을 불평하지도 않았다. 아내는 경기침체가 남편 탓이 아니라는 걸 알고 있었다. 그래도 스탠은 굴욕감을 느끼고 방어적인 태도를 취했다. 사업 실패는 자신이 결함 있고 능력 없는 패배자라는 평생의 자격지심을 건드렸다.

힘든 생활이 2년째 접어들었을 때 스탠은 아내의 감정기복이 심해졌다는 걸 알아챘다. 사소한 일에도 발끈하고, 퇴근하고 집에 돌아오자마자 자기 직업의 짜증스러운 점을 시시콜콜하게 늘어놓기 시작했다. 그에게 직접 화를 내지는 않았지만 잔뜩 성이 나 있는 것 같았다. 스탠은 아내만큼 금전적으로 보탬이 되지 못하는 데 수치심을 느끼고 있었기 때문에 아내의 얘기를 잘 들어주고 응원해주려고 노력했다. 그것이 그가 할 수 있는 최소한의 일이었다. 그렇지만 아내의 '불만 토로 시간'이 점점 더 견디기 힘들어졌다.

우리의 월요일 상담 전의 어느 주말, 스탠과 아내는 형편이 좋았을 땐 남에게 맡겼던 잔디 깎기, 청소 같은 집안일을 하면서 대부분의 시간을 보냈다. 아내는 거의 내내 기분이 안 좋았다. 스탠은 아내가 기분을 감출 줄 모르고 성미가 까다롭다며 속으로 불평했다.

그때 스탠은 이미 내게 상담을 받는 중이었다. 그는 자기 자신을 꽤 잘 파악하고 있었고 남 탓하기 방어기제가 작동 중이라는 걸 알았다. 치열한 내적 갈등 뒤에 그는 열심히 일하면서 마음을 진정시키기로 하고, 방어적인 생각의 흐름을 잠재워 마음속에 빈 공간을 만들었다. 이 고요 속에서 그는 가족을 이 어려운 지경으로 몰고 왔다는 고통스러운 책임감으로 인한 익숙한 수치심을 발견했다. 한 달에 두 번 집안을 청소해주던 도우미와 잔디를 깎아주던 정원사를 더 이상 부르지 못하게 된 건 결국 그의 사업 실패 때문이었다.

방어기제를 해체함으로써 상황을 제대로 이해하게 된 스탠은 아내의 불평과 언짢음이 그들의 어려운 생활에 대한 분노의 표출이라는 걸 깨달았다. 아내는 계속해서 남편 탓이 아니라고 말했지만, 스탠에게 분노하고 있었다. 스탠은 아내에게 공감이 갔다. 좀 더 편안하고 경제적으로 안정된 생활을 누릴 줄 알았던 중년에 아내는 더 힘들게 일해야 했고 미래는 더 불확실해졌다.

어느 일요일 저녁, 스탠은 아내와 함께 앉아 자신이 생각하는 아내의 진심을 이야기했다. "당신은 내 탓이 아니라는 걸 안다지만 그래도 내게 화가 나 있어." 스탠은 비난하는 투가 아니라 공감을 나타내며 솔직하게 말했다. 아내는 사실이라고 바로 인정했다. 그 후 이어진 기나긴 대화에서 그들은 부부로서 마음을 한데 모아 미래에 대해 건설적인 이야기를 나눴다. 아내는 남편이 자신을 이해해주고 있다고 느꼈다. 스탠은 걱정을 덜었다. 상황이 이렇게 된 건 그 누구의 탓도 아니었다.

방어기제를 해체하고 그 이면의 고통과 마주하라고 말하면, 마치 몸에 좋으니까 약을 먹으라고 하는 소리처럼 들릴지도 모른다. 하지만 스탠의 사례는 그 이득이 얼마나 큰지 잘 보여준다. 아내를 탓했다면 일시적으로 고통스러운 수치심을 피할 수 있었을지 모른다. 하지만 스탠은 수치심과 마주함으로써 아내에게 공감하고 훨씬 더 건설적인 대화를 나누며 아내와 더 가까워질 수 있었다.

자존감 또한 높아졌다. 그다음 날인 월요일 상담에서 스탠은 자기 자신과 아내를 제대로 이해하고, 방어적이기보다는 건설적으로, 비난이 아닌 공감으로 대응할 수 있어서 스스로가 자랑스럽고 고맙게 느껴진다고 말했다. 어린 시절의 상처가 남긴 수치심은 사라지지 않겠지만, 성장하기 위한 노력과 성취에 대한 뿌듯함으로 그 수치심을 견딜 수 있다는 사실을 알았다. 스탠에게 이 일은 아주 감동적인 경험이었다.

모순된 말처럼 들릴지 몰라도 진정한 자존감을 키우려면 자신의 수치심을 피하려 들지 말고 있는 그대로 받아들여야 한다.

방어를 정당화하기

니콜과 스탠은 생각의 흐름에 귀를 기울임으로써 작동 중인 방어기제를 파악했다. 니콜은 자신의 한계를 부정하기 위해 스스로에게 하고 있던 거짓말을 들었다. 스탠은 수치심을 피하기 위해 아내를 탓하며 속으로 퍼붓던 폭언의 방어적인 성질을 깨달았다. 두 사람은 사고를 통해 방어의 타당성을 납득하려 했었다.

자신의 방어적인 시각이 진실이라고 스스로를 설득하려는 내적 노력이야말로 방어기제의 한 특징이다. 설득은 반복적이고 집요하다. 머릿속 말에 가만히 귀 기울여보면, 내 생각이 옳다고 설득하려고 누군가와 논쟁을 벌이고 있는 것처럼 실제로 방어하는 느낌이 들 것이다. 누가 싸움을 걸어온 것도 아닌데 자신을 방어한다. 나는 가끔 내가 실제로 아는 사람과 머릿속으로 말다툼을 벌이기도 하는데, 이는 내가 방어적인 태도를 취하고 있다는 결정적인 증거다.

이런 자기정당화가 반복되면 완전히 현실적이고 설득력 있게 느껴지는 감정이 생겨나기도 하는데, 남 탓하기 방어기제를 사용할 때 특히 더 그렇다. 니콜과 스탠은 아주 정당하게 느껴지는 분노 상태로 들어갈 수도 있었다. 하지만 그러지 않기로 선택했고, 그 과정에서 성장했다. 아무런 잘못도 없이 억울하게 부당한 대우를 받았다고 느껴져 감정이 상할 때마다 잠시 멈춰 서서 의문을 품어보자. 그 이면에 다른 뭔가가 있는 건 아닐까?

감정을 맹신하지 마라

다시 말해, 자신이 느끼는 감정, 특히 자기정당화 과정에서 생겨나는 감정을 전부 믿을 필요는 없다. 경멸, 정당한 분노, 남 탓하기는 방어기제를 강화하기 위한 목적으로 일어나는 감정일 수도 있다. 그러므로 그런 감정이 생겨나면 타당성에 의문을 품어야 한다.

바로 이 부분에서 호흡과 마음챙김 기법이 큰 도움이 될 수 있다. 특히 자기정당화가 가동 중일 때 마음을 고요하게 가라앉히면 감정의 온도를 낮출 수 있다. 호흡에 집중하면, 나중에 후회할 행동으로 우리를 몰아대는 감정을 쫓아낼 수 있다. 동작을 멈추고 심호흡을 한 번 해보자. 최대한 오랫동안 머릿속 수다를 끝내보자. 마음의 눈을 격한 감정으로 돌려, 그 감정이 타당하지 않을 수도 있다는 생각을 위한 공간을 비워두자.

이 방법은 어떤 사람이나 사건이 트리거trigger가 돼 과도한 감정을 일으키는 상황에도 적용된다. 우리는 창피하거나 굴욕을 당해서 수치심에 빠질 것 같으면 곧장 분노로 대응할지도 모른다(투쟁 반응). 불안감이 들면 겁에 질려 달아나기도 한다(도피 반응). 이런 경우에도, 곧장 감정적으로 맞서는 대신 마음속에 고요한 공간을 만들면 어떻게 반응할지 선택할 수 있는 여유가 생긴다.

결코 쉬운 일은 아니다. 나에게도 가장 힘든 도전 중 하나다. 격한 감정이 휘몰아칠 때 거기에 의문을 품기는 아주 어렵다. 그것을 그냥 받아들이는 편이 훨씬 더 쉽다. 감정이 한번 일어나면 저항하기가 아주 어렵다. 모든 일이 그렇듯 연습할수록 더 쉬워진다. 언젠가는 강력하고 거대한 감정에 휩싸인 와중에도 평정을 찾으려 애쓰는 날이 올 것이고, 그러면 이런 깨달음이 찾아올 것이다. '전에도 이런 적이 있었고 앞으로 어떻게 될지 잘 알아. 여기서 멈추는 게 좋겠어.'

감정은 영원하지 않다

사랑에 빠져 정신을 못 차릴 때, 아끼는 누군가가 세상을 떠나 깊은 슬픔에 빠졌을 때, 갑자기 공황발작이 일어날 때는 그 감정이 워낙 강렬해서 앞으로도 계속될 것 같은 느낌이 든다. 강렬한 감정은 시간의 위력에도 꿈쩍하지 않을 것처럼 보인다. 격한 감정 속에 있을 땐 지금 이 순간만이 중요하다. 생각을 제대로 할 수 없고, 과거의 기억으로 미래를 예상할 수 없으며, 다른 감정을 느낄 수도 있다는 걸 감히 상상하지 못한다.

방어기제의 위력에서 조금 벗어나 자신이 피하고 있던 고통과 접촉하면, 그 고통이 영원히 지속되지는 않을지 두려워진다. 그래서 얼른 예전으로 돌아가 다시 방어기제에 의존하고픈 욕구가 생긴다. 이런 방어는 습관적이고 익숙한 반응이지만, 자신이 방어기제를 사용하고 있음을 의식하기만 하면 다른 방법을 선택할 수 있다. 고통이 무뎌지거나 새로운 감정이 생길 때까지 견디는 것도 한 방법이다.

'이 또한 지나가리라'라는 격언은 물질세계의 덧없음뿐만 아니라 우리 감정에도 적용된다.

눈에 씌었던 콩깍지가 떨어지면 사랑이 식고, 고통스러운 애도 기간이 지나면 대부분은 극심한 슬픔에서 벗어나며, 공황발작은 언젠가 끝나게 돼 있다. 하지만 감정의 큰 소용돌이에 휘말려 있을 때 이는 믿기 힘든 사실이다. 방어기제를 통해 피해왔던 고통과 마주하면 거기에 잡아먹힐까 봐 두려워진다.

어릴 적 어떤 감정에 휩쓸려 그것이 영원할 거라고 느꼈던 때가 있을 것이다. 아이들이라면 대부분 한 번쯤 겪는 일이다. 아기들은 견딜 수 없는 감정을 없애기 위해 투사에 의존한다. 그 이유 중 하나는 그 감정이 얼마나 지속될지 전혀 모르고, 영원히 사라지지 않을까 봐 두렵기 때문이다. 아기들도, 그보다 조금 더 자란 아이들도 경험이 일시적이라는 사실을 아직은 이해하지 못한다.

마음챙김 기법과 호흡은 끝날 것 같지 않은 고통을 견디는 데에도 도움이 된다. 고통은 우리의 정신을 혼란에 빠뜨려놓는다. 두려우니까 딴 곳으로 달아나고 싶어진다. 호흡에 집중하면, 정신의 혼란을 바로잡고 가슴의 오르내림이나 콧구멍을 지나가는 공기 같은 무감정한 경험으로 주의를 돌릴 수 있다. 익숙한 경험이기 때문에 편안함까지 느낄지도 모른다. 그러면 고통이 가라앉을 때까지 기다리기가 더 쉬워진다.

내 웹사이트에서 고통을 견디는 것에 대해 얘기했더니 한 구독자는 내 말을 '그냥 참아'라는 뜻으로 이해했다. 완전한 오해다. '닥치고 그만 징징대'라고 말하려는 게 아니다. 강렬하고 고통스러운 감정이 지나갈 때까지 견딜 수 있는 방법, 익숙한 방어기제에 의존하지 않고 고통에 대처하는 방법을 알려주고 싶을 뿐이다.

숨겨진 방어기제에 저항하라

지금까지는 작동 중인 방어기제를 발견해내는 방법을 이야기했다. 그렇다면 우리 성격에 너무 깊숙이 박힌 나머지 강렬한 감정이나 결핍감을 완전히 침묵시켜버리는, 숨겨진 방어기제는 어떻게 알아챌 수 있을까?

방어가 너무 성공적이어서 분노를 전혀 의식하지 못하는 사람.

섹스에 흥미가 거의 없는 사람.

나르시시즘이라는 방어기제를 너무 잘 사용해서 수치심을 의식하지 못하는 사람.

이런 방어기제를 해체하려면 익숙하지 않거나 심지어는 두려운 상황에 자신을 몰아넣어야 할지도 모른다. 예를 들어, 무슨 문제든 자기 스스로 해결하려는 경향이 강한 사람은 "네 도움이 필요해"라는 말을 꺼내기가 불편할 것이다.

차분하고 냉정한 성격의 소유자는 갈등을 불러일으키거나 강렬한 감정으로 이어질지도 모르는 상황을 피하는 데 익숙할 것이다. 상대방에게 싸움을 걸어 불편한 감정을 느껴야 하는 건 아니지만, 자신에게 익숙한 안전지대에서 벗어나는 것은 아주 중요하다. 갈등 상황이 불편해서 자기 의견이 있어도 참는 사람이라면, 우선은 사소한 일에 대해 친구나 가족에게 반기를 드는 데서부터 시작하는 게 좋다. 무리할 필요는 없다. 숨을 크게 쉬고, 불편하거나 고통스럽기까지 한 감정을 견디려고 노력해보자.

성욕에 대한 의식을 억눌러왔다면, 욕망을 느낄 신체 부위, 즉 성기와 접촉함으로써 성욕을 되찾아야 한다. 영화 〈블랙 스완The Black Swan〉에서 발레단 안무가가 성적으로 억압된 프리마 발레리나인 니나에게 지시를 내렸던 것처럼, 이제까지 기피해온 자신의 일부와 이어지기 위해 자위행위를 하는 것이다. 그 과정에서 두려움, 반감, 혐오 같은 내적 저항이 거세게 일어날 것이다(반동형성). 달아나지 않으려면 용기와 인내력이 필요하다.

자신의 성격과 그로 인해 생겨나는 감정에 도전하는 방법을 잘 보여주는 사례를 소개하겠다. 내 내담자인 에리카는 한 대기업 부회장의 비서로 수년간 일한 중년 여성이다. 에리카는 아주 지적이고 책임감 있었지만, 상관이 평소에 부하 직원에게 넘겨주던 좀 더 어려운 일을 자신에게 주면 제대로 끝내기 힘들어했다. 상관은 에리카의 엄청난 잠재력을 알아보고 그것을 키워주려 했다.

에리카와 나는 그가 그 과제를 잘 끝내지 못하는 이유를 파고들었다. 그런 일을 하나 맡으면, 에리카는 중요한 쟁점을 명확하게 파악하지 못하고 자질구레한 사항에 집착해 수렁에 빠져버렸다. 복잡한 숫자에 세밀한 주의를 기울여야 하는 업무였는데, 수학은 평생 그의 발목을 잡아온 과목이었다. 마침내 우리는 그 과제가 그에게 분노를 일으킨다는 사실을 알아냈다. 그는 책임질 일이 늘어난 것을 원망했다. 혼자만의 생각으로 결정을 내리거나 힘들게 일하고 싶지 않았다. 그래서 수동적인 마음가짐으로 업무에 임하다 보니 제대로 집중하지 못한 것이다.

이 수동성은 그의 성격에서 큰 부분을 차지하고 있었다. 10대 후반부터 에리카는 교사나 멘토들에게 애착을 갖고, 그들이 그를 돌봐주거나 그 대신 생각해주는 아주 친밀한 관계를 갈망했다. 성인이 되고 나서는 돈이나 인간관계와 관련된 결정을 남편에게 맡겼다. 환상 속에서 그는 정력적이고 영향력 있는 사람들과 함께 있었지만 환상에서 깨고 나면 책임져야 할 일들이 쌓여 있어 화가 났다.

에리카는 심리치료를 통해 이룬 발전에 대해서도 적대적인 반응을 보였다. 내 도움에 덜 의지하고 자신이 배운 것을 잘 이용하게 되면서 변화의 조짐이 보일 때마다 에리카는 분개했다. 자신의 힘으로 스스로를 돌보기를 거부하면서 수동적인 자아로 돌아가, 언제까지나 아이로 남으려 했다. 에리카는 자신이 평생 심리치료를 받아야 한다며, 그러지 않고서는 살아갈 수 없을 거라고 고집을 피웠다.

겉으로 보기에 그는 아주 무력해 보였지만, 사실 다른 사람들을 은밀히 조종해 자기가 싫어하는 정신노동을 남들에게 떠넘기려고 했다. 9장에서 얘기한 은밀한 통제다. 그는 상담사인 나를 아주 이상화하면서, 내가 자기 대신 생각하고 문제를 해결해주고 할 일을 알려주기를 기대했다. 심리치료에 열심히 임했지만, 실은 자기가 별 노력을 하지 않아도 내가 모든 걸 고쳐주리라 생각하며 수동적으로 의지하고 있었다.

우리의 지속적인 노력 덕분에 에리카는 이런 수동성 때문에 자신이 치르고 있는 대가를 점차 깨닫기 시작했다. 에리카는 50대 중반이었고, 시간은 흐르고 기회는 사라져가고 있었다. 드디어 그는 중요한 결단을 내렸다. 하고 싶지 않아서 이제껏 피해왔던 여러 가지 일에 도전하기로 한 것이다. 새로운 금융 소프트웨어를 독학하고 가계 관리를 맡았다. 그런 다음, 좀 더 어려운 업무에 도움이 될 회계 강좌에 등록했다. 가정에서는 부부의 사교생활에 더 적극적으로 나섰다. 동시에 그의 수동성을 부추겼던 환상적인 인생에 대한 공상을 줄이려 애썼다.

시간이 지날수록 에리카는 힘겨운 노력을 통해 삶의 거의 모든 영역에서 훨씬 더 유능한 사람이 됐다. 그 결과 자신도 깜짝 놀랄 만한 감정을 많이 느꼈다. 과거에 그랬듯이 현실과 마주하면 분노를 느낄 거라는 예상은 하고 있었지만, 뜻밖에 슬픔과 상실감도 함께 몰려왔다. 스탠과 마찬가지로, 에리카는 자신의 이런 노력이 자랑스러웠지만 자신이 제대로 마음을 쏟으면 얼마나 많은 일을 할 수 있는지 그 잠재력을 깨닫고 나자 소극적으로 헛되이 보낸 세월이 자연스레 안타까워진 것이다. 나른 사람의 생각에 기대지 않고 타고난 지능을 발휘했다면 어떤 일을 할 수 있었을까?

너무 오랫동안 너무 깊숙이 자리 잡은 방어기제는 우리 인생과 감정적 성장에 방해가 된다. 그것을 멈추면 잃어버린 시간, 놓친 기회, 실패한 인간관계를 슬퍼해야 할지도 모른다. 방어기제를 해체하는 일에는 언제나 고통이 따른다.

선택과 변화는
계속 진행 중

지금쯤 당신은 방어기제와의 싸움이 평생 끝나지 않는다는 사실을 명확히 알았을 것이다. 노력을 멈추지 않으면 계속 성장하고 변화하겠지만, 더 이상 똑같은 문제에 시달리지 않는 '새롭고 개선된 나'는 완성되지 않을 것이다. 오랫동안 심리치료를 받고 더 오랜 시간 심리치료사로서 일해온 나도 여전히 매일 똑같은 감정과 씨름하고 있다. 나는 정신적으로 건강하고, 내가 개발한 여러 기법을 규칙적으로 연습하고 있기 때문에 힘든 도전을 감당할 수 있지만 그렇다고 다 끝났다고 여기지는 않는다.

어떤 면에서는 운동과 비슷하다. 운동을 그만두면 이제까지 쏟아부은 모든 시간이 그냥 날아가버린다. 건강을 유지하려면 계속해서 운동해야 한다. 피아노 연주도 마찬가지다. 아름다운 연주를 하려면 규칙적인 연습을 통해 튼튼하고 유연한 손가락을 유지해야 한다. 감정적으로 풍요롭고 만족스러운 인생을 최대한으로 누리고 싶다면, 작동 중인 방어기제를 알려주는 신호를 잘 듣고 관찰하거나, 성격에 박혀서 눈에 띄지 않는 방어기제에 맞서야 한다.

그러고 나서는 예전과 다른 대응이나 행동을 선택해야 한다. 고통과 갈등 없는 영원히 행복한 결말을 바라는 것에 비하면 대수롭지 않은 일 같지만, 선택할 수 있는 능력은 우리의 가장 소중한 자유 중 하나다. 민주주의에서 이야기하는 정치적 선택의 자유든 우리의 감정과 행동을 좀 더 건설적인 방향으로 이끌고 갈 심리적 자유든, 이는 방어기제가 우리 행동을 완전히 지배하지 못해야 가능하다.

14장

마음의 문을 열고 나와 타인을 이해하는 마음

이상주의는 생각의 폭군이다.

— 미하일 바쿠닌Mikhail Bakunin

처음부터 나는 방어기제를 견디기 힘든 고통을 피하기 위한 수단으로 묘사했다. 그러면서 가끔은 그 고통을 견디는 게 중요하고 이롭다고 설명했다. 하지만 왜 그런 고생을 해야 하는지, 방어기제를 해체하려는 노력이 어디로 이어져야 하는지 아직도 궁금한 사람이 있을 것이다. 결국 이렇게 묻고 싶을 것이다. '정신이 건강하다는 건 정확히 뭘까?'

우선은 다양성을 감안한 답을 하고 싶다. 정상적이라는 건 아무도 성취할 수 없는 하나의 이상과도 같다. 특히나 대중매체와 가족 시트콤이 발전하면서, 갈등이 일어나도 별로 괴로워하지 않고 문제를 쉽게 해결하는 정서적으로 안정된 사람을 건전한 인간상으로 보는 문화적 분위기가 조성됐다. 사실 누구에게나(상당히 행복한 가정에서 자란 사람이나 오랫동안 성공적인 심리치료를 받은 사람까지) 민감하고 힘겨운 지점이 있으며 거기에 대응하기 위해 방어기제를 사용한다.

다른 한편으로는, 정신이 건강하면 인간 본성을 강하게 방어하기보다는 고려하고 받아들일 수 있다고도 믿는다. 이렇게 말이다.

'필요한 것을 점차 더 많이 얻을 수 있으니 괜찮아. 나는 의존성을 잘 견뎌낼 수 있어.'

'감정이 인생과 인간관계를 더 풍요롭게 만들어줘. 나는 압도당할 거라는 두려움 없이 감정을 깊이 느끼는 사람이야.'

'나는 내가 어떤 사람인지 분명히 느끼고 그 느낌을 신뢰할 수 있어. 100퍼센트 만족스럽지는 않지만, 나는 꾸준히 성장해온 가치 있는 사람이야.'

방어기제는 영원히 사라지지 않기 때문에, 그걸 이해한다 해도 거기서 끝이 아니라 이 정신적 건강 상태에서 방어기제와 계속 씨름해야 한다. 하지만 예전과 같지는 않을 것이다. 의식하고 나면 방어기제는 예전만큼 강하게 우리를 휘두르지 못한다. 오랜 기간 정직하게 자신을 평가하며 큰 노력을 기울이면 방어기제가 우리에게 영향을 미치는 방식은 다음 내용과 같이 변할 것이다.

부정과 억압

예전보다 욕구를 좀 더 많이 의식하게 됐으니 오랫동안 욕구를 채우지 못한 채 지내기가 훨씬 더 어렵다. 이따금 아직도 남의 도움 없이 스스로 욕구를 완전히 충족시킬 수 있는 척 연기하고 있는 자신을 발견한다. 어떤 면에서는 욕구를 확실히 모른 채 지내는 편이 훨씬 더 수월해 보인다. 한참을 기다려야 원하는 것을 얻을 수 있다면 특히 더 그렇다. 예전보다 감정적 대체물에 덜 의존하지만, 스트레스를 받으면 도움을 청하거나 스스로 한계를 정하기보다는 방종에 빠지는 것이 더 편하다. 전반적으로는 예전보다 훨씬 더 충족된 느낌이 든다.

이제는 사소하고 단순한 실수를 예전처럼 아무렇지도 않게 넘기기가 힘들다. 약속했던 일을 깜빡 잊고 하지 않았다는 사실을 깨달을 때마다, 뭐에 화가 났을까 하고 스스로에게 묻는다. 처음엔 적대적인 감정이 안 보이더라도 결국에는 찾게 된다. 친구나 사랑하는 이들에게 그 감정에 대해 얘기하고 싶지 않지만, 대개는 터놓고 대화하는 편이 도움이 된다. 물론 늘 그런 건 아니다. '입 다물고 있을걸' 하고 후회될 때도 있다.

아닌 걸 알면서도 당신은 인간 본성(자기 자신의 본성까지 포함해서)이 실제보다 덜 공격적이고 더 좋으며, 감정의 충돌은 피할 수 있다고 믿고 싶다. 평범하고 착한 사람들이 오래오래 행복하게 사는 결말로 끝나는 감상적인 영화를 보면 눈물이 난다. 여전히 착한 사람이 되고 싶지만, 그 의미를 예전만큼 확신할 수 없다. 가끔은 자신이 감정을 느끼는 방식들이 싫지만, 그 싫은 마음이 기꺼이 그것들을 마주하려는 강인함의 증거라고 믿는다.

당신이 결국 죽을 거라고는 여전히 믿지 않는다. 그 생각은 하지 않는 편이 좋다.

전치와 반동형성

예전만큼 남에게 화풀이를 하지 않는다. 왜 화가 나는지 진짜 이유를 잘 파악하게 됐지만, 가끔은 진실과 마주하기가 두렵다. 자기 잘못을 모르고 애먼 사람에게 상처를 주고 나면 죄책감이 느껴진다. 그 죄책감은 아주 적절한 감정처럼 보이며, 견디기 힘들 정도는 아니다. 당신은 최선을 다해 사과하고 상대에게 준 상처를 보상해준다.

남의 말이나 행동에 격렬하게 반응하고 당신의 의견을 고집하는 강도가 예전보다 훨씬 약해졌다. 여전히 어떤 일에는 반사적으로 혐오감이 들지만, 그 감정이 진짜라고 믿지 않기 때문에 그 반응은 서서히 약해진다. 가끔은 예전처럼 남의 행동을 가혹하게 평가하기도 하지만, 당신이 그렇게 까칠하게 구는 이유가 당신 역시 똑같은 일을 하고 싶은 마음이 굴뚝같지만 차마 그러지 못하기 때문이라는 걸 이제는 안다.

예전보다는 남의 행동이나 말을 잘 받아들이게 됐지만, 그렇다고 해서 늘 좋게만 생각하는 건 아니다. 당신의 반응에 방어기제가 작동하고 있다는 걸 알더라도, 절대 좋아할 수 없는 것이 있다. 당신은 그다지 독선적인 사람은 아니지만 흡연자들에게 느끼는 혐오감에는 더 깊게 파고들 이유가 없다는 걸 안다.

분리

가끔은 당신이 진실이라고 확신하는 것을 우기며 발끈하기도 하지만, 예전보다는 신중한 사람이 됐다. 이제는 세상을 선 아니면 악, 우리 아니면 그들이라는 흑백논리로 보지 않는다. 서로 다른 시각 사이에서 균형을 잡고 절대적이지 않은 답을 받아들이려면 아직도 노력이 필요하다. 가끔 예전의 확신으로 돌아가고픈 마음도 들지만, 전반적으로는 사람들과의 대화가 예전보다 훨씬 더 흥미로워졌다. 정치와 종교에 관해 흑백논리에 갇혀 있는 사람들과는 가까워지지 않도록 조심한다.

아끼는 사람에게 화가 나면, 이 사람을 사랑한다는 사실을 떠올리고 분노를 있는 그대로 다 터뜨리지 않을 수 있게 됐다. 늘 그런 건 아니다. 가끔은 발끈해서 나중에 후회할 말이나 행동을 하기도 하지만, 당신 행동을 정당화하기보다는 양심의 가책을 느낀다. 시간이 지날수록 생각하고 느끼는 걸 동시에 하는 데 점점 더 능숙해진다.

남들과 그들의 감정에 대한 인식도 바뀌었다. 모든 사람이 아주 복잡한 존재로 보인다! 정치 문제든 아니든 독단적인 신조로 당신을 조종하려 들고 다른 집단에 대한 증오를 심으려고 하는 사람은 참을 수가 없다. 정치계에 만연해 있는 '우리는 선, 남은 악'이라는 단세포적인 사고방식이 혐오스럽다.

예전처럼 쉽게 사랑에 빠지고 쉽게 사랑이 식지 않는다. 이제는 당신이 무엇을 찾고 있는지 알고 있고, 어려움 속에서도 진정한 사랑과 관심을 느낄 수만 있다면 완벽하지 않은 상대라도 상관없다. 친밀한 관계에서 예전보다 덜 까탈스러워졌다. 고의로 당신에게 상처를 주려는 게 아니라면 다른 사람들의 분노를 참을 수 있고, 실수를 인정하는 게 엄청난 굴욕으로 느껴지지 않는다. 당신 역시 다른 사람들과 똑같은 인간일 뿐이다.

이상화

침울한 기분이 예전보다 줄었지만, 들뜬 기분도 줄었다. 이게 마냥 행복하지는 않다. 우울한 날을 힘들게 견딜 필요 없이 늘 '인생은 아름다워' 상태에 취해 있다면 얼마나 좋을까. 하지만 당신은 좋은 날도 나쁜 날도 있다는 사실을 마지못해 받아들인다. 고민을 완벽하게 해결해줄 최종적인 답안 같은 건 없다. '행복하게 오래오래 살았답니다'라는 결말은 동화나 로맨틱 코미디에서나 가능하다.

로맨틱 코미디는 변함없이 좋아한다. 친구가 사랑에 빠지면, 이 행복한 사랑의 열병이 영원하지 않으리라는 걸 알면서도 질투가 난다. 술과 기분전환 약물은 여전히 황홀한 도취감을 준다. 옛 습관을 완전히 떨쳐버리지 못해서 가끔은 의도했던 것보다 술을 더 많이 마시고 다음 날 최악의 기분을 맛보기도 한다.

당신이 영웅으로 생각하는 사람들도 완전무결하지는 않으며, 나쁜 사람들에게도 결점을 만회할 만한 장점이 있을 거라고 믿는다. 가끔은 모든 걸 단순하게 생각했던 예전이 그립기도 하다. 당신이 좋아하는 유명인이 늘 당신보다 훨씬 더 흥미롭고 정서적으로 만족스러운 인생을 사는 건 아니라는 사실을 알면서도 믿기가 어렵다. 조심하지 않으면 그 불확실한 믿음이 씁쓸한 뒷맛을 남길 수도 있다.

휴가는 여전히 가슴 설레는 일이다. 실망할지도 모른다는 걸 알면서도 그날을 고대한다. 대개는 아주 좋은 시간을 보내고 일상으로 돌아가는 게 예전처럼 힘들지는 않다. 휴가용 안내 책자를 보면 지금도 혹하지만, 다른 도시나 나라에서의 생활이 지금의 생활과 질적으로 다를 거라고는 믿지 않는다.

친구나 가족, 사랑하는 이들이 상처를 입히거나 실망을 안겨준다고 해서 그들을 공격하지 않는다. 현실 속의 완벽하지 않은 사람들에게 의지하면 찾아올 수밖에 없는 불만을 잘 참아낼 수 있다. 친구가 많지는 않지만, 그들의 결점까지 있는 그대로 받아들일 수 있다. 친구들도 당신의 결점을 봤지만 여전히 당신을 사랑한다. 서로 신경을 건드릴 때도 있긴 하지만 말이다.

투사

친구에게 책임을 떠넘겼던 대화를 돌이켜보면 얼굴이 화끈거린다. 대체 무슨 생각으로 그렇게 경솔하게 굴었을까? 당신이 아는 사람이 당신에게 똑같은 짓을 하면 아주 불편하겠지만, 최대한 조심스럽게 그 상황을 끝낸다. 떠넘기기와 함께 나누기의 차이를 분명히 하려고 노력한다. 이제는 당신이 존중하고 실제로 따를 수 있는 의견과 조언을 들려줄 사람에게 속마음을 털어놓는다.

감정을 남에게 풀지 않으려고 애쓰는 건 뿌듯해할 만한 일이다. 최선을 다하고 있긴 하지만 스트레스가 정말 심한 날에는 단순한 실수를 저지른 사람을 죄인 취급하고 만다. 아무리 노력해도 어쩔 수 없을 때가 있다. 그럴 때는 나중에 후회하며 사과한다. 대부분은, 사랑하는 사람이 당신에게 무턱대고 화를 내도 예전보다 너그럽게 대할 수 있다. 그들이 감정적 한계를 넘어섰다는 걸 이해하기 때문이다. 하지만 스트레스를 받으면 말도 안 되는 얼간이 짓을 하고 참으려는 노력조차 하지 않으면서 짜증을 불러일으키는 사람은 예외다.

친구, 가족, 사랑하는 이들과의 관계는 더 이상 일방적이지 않다. 당신이 그들에게 너무 매달리거나 그들이 당신에게 너무 의지하는 것처럼 느껴지지 않는다. 당신은 상호성이라는 개념을 중시하게 됐지만, 다른 사람은 그렇지 않은 것처럼 보일 때도 가끔 있다. 이따금, 상대를 명확히 보지 못해서 또는 지나친 기대로 수년 전 잃어버린 친구들이 떠오른다. 지금 알고 있는 것을 그때도 알았더라면 그 친구들과 계속 친구로 지낼 수 있었을까? 이런 생각을 하면 조금 슬퍼진다.

통제

당신은 꽤 깔끔하다. 완벽을 요구하며 사랑하는 사람을 미치게 만들지도 않고, 다른 사람이 치워주겠지 하는 마음으로 집을 어질러놓지도 않는다. 휴가를 떠나기 직전 초조한 마음이 드는 건 여전하지만, 언제 공항으로 출발할지, 어느 길로 가야 시간을 가장 절약할 수 있을지에 대해 배우자나 애인의 생각이 당신과 다를 수 있음을 이해한다. 그들이 틀릴 수도 있지만, 모든 걸 당신 생각대로 하자고 고집부리지 않는다. 이렇게 통제력을 포기하고 나면 불안해지긴 해도 예전과는 다르다. 그 상황을 멈추고 싶어 안달하지도 않고, 길을 막는 사람에게 크게 화를 내지도 않는다.

직장에서는 사람들이 당신에게 요즘 편해 보인다며 좋아한다. 이런 칭찬을 들으면 당신의 옛 행동이 동료들에게 어떤 폐를 끼쳤을지 떠올라 괴로워진다. 예전보다 편안해진 건 맞지만, 가끔은 더 무력해진 기분이 들 때도 있다. 인생의 모든 변수를 완벽하게 통제하는 것이 최선의 답처럼 보여도 그건 불가능하다는 걸 이따금 자신에게 일깨워줘야 한다.

배우자나 부모 덕분에 더 안락한 인생을 누리는 친구들을 봐도 예전만큼 짜증스럽지 않다. 확실히 어떤 사람들은 남의 도움으로 거저먹는 것처럼 보이지만, 그들도 치르는 대가가 있을 것이다. 당신의 노력으로 자립적으로 생활하고 주변 사람들에게 해줄 수 있는 게 있어서 고맙게 여겨진다. 그래도 누군가가 이 모든 걸 알아주고 이렇게 말해주면 좋겠다. "지금까지 정말 열심히 일했으니까 이제는 그만 쉬어. 내가 당신을 책임져줄게."

인간관계에서는 예전보다 훨씬 더 자유롭고 편안해진 기분이다. 이제는 다른 사람들의 시선을 신경 쓰지 않고, 아무 문제도 없는 것처럼 보이려고 애쓰지도 않는다. 그런데 회계부의 한 여자가 최근에 자기가 열었던 굉장한 파티에 대해 떠들어대기 시작하자 그의 속내가 훤히 보이는데도 여전히 신경에 거슬린다. 가까운 친구들이나 가끔은 그냥 얼굴만 아는 사람과 대화를 나누며 고민을 털어놓고 서로 공감하는 시간이 소중하게 느껴진다.

사고

당신 머릿속에서는 계속 사고가 진행 중이고, 그래서 틈이 날 때마다 고요한 상태로 돌아가 감정이 나타나는 신체 부위에 집중하려고 노력한다. 합리화는 이제 그렇게 큰 문제가 아니다. 뭔가를 합리화하고 있음을 스스로 깨달으면, 대개는 웃어 넘기고 가끔은 그날 저녁 사람들에게 들려줄 재미있는 이야기로 바꾼다. 뭔가 나쁜 짓을 저지르면 바로 정당화하려 들지 않는다. 필요하면 사과한다.

지금도 여전히 생각이 두서없이 여기저기로 뻗어 나갈 때가 있다. 사고에 지배당하는 날이면 가장 소중한 사람들이 멀게 느껴진다. 그들과 어떻게 다시 연결될지, 당신 자신의 감정에 어떻게 다시 닿을지 막막해진다. 가끔은 머릿속에 갇혀버린 것 같은 기분이 든다. 머릿속을 침묵시키고 호흡에 집중하면 도움이 된다. 그래야 한다는 걸 잊지 않기만 한다면. 스스로도 깜짝 놀랄 정도로 한참이나 머릿속 수다가 이어질 때도 있다.

그러지 말아야지 하면서도, 유창한 말솜씨 덕분에 부족한 것 하나 없어 보이는 사람에게 늘 끌린다. 지금도 세련된 표현을 들으면 마법처럼 느껴질 때가 있다. 하지만 일상의 평범하면서도 의미 있는 교류를 훨씬 더 존중하게 됐다. 옛 친구들과의 담담한 저녁 식사, 말 한마디 없이 해변에서 자전거 타기, 침대에서 신문을 보며 뒹구는 일요일 아침.

감정을 느끼지 않는 것보다 느끼는 편이 확실히 더 힘들다. 하지만 감정을 느끼는 것을 대개는 후회하지 않는다. 오랫동안 머릿속에만 갇혀 있다 보면 인생이 너무 메마르고 텅 빈 황무지처럼 보이기 시작하고 그래서 감정을, 심지어는 고통까지도 갈구하게 된다. 무엇이든 황량한 인생보다는 낫다. 당신 자신으로 되돌아와 사랑하는 이들과 다시 연결되면 눈물이 난다. 잃어버린 세월에 대한 비통함, 지금 누리고 있는 인생에 대한 감사함은 말로 표현할 수가 없다.

수치심과 자존감

더 나은 선택을 하려는 자신의 노력과 진실성이 자랑스럽고 스스로에 대한 느낌이 예전보다 훨씬 더 좋아졌지만, 가끔은 아주 수치스러운 방식으로 자신을 과시하려고 할 때가 있다. 술이 한두 잔 들어가면 대단한 아무개랑 사귄 적이 있다느니, 최근에 큰 건을 하나 올렸다느니 은근히 자랑을 늘어놓는다. 나중에 그 일을 생각하면, 남들에게 감탄과 질투의 대상이 되고픈 은밀한 갈망이 아직도 사라지지 않았다는 사실에 창피해진다.

수치심은 오래되고 익숙한 감정이지만, 예전처럼 당신을 짓밟지는 못한다. 당신은 자신을 무참히 비난하거나 당신의 자존감을 해치지 않는다. 하지만 이 수치스러운 감정이 싫고, 수치심에서 영원히 해방될 수 있는 치유 방법이 있으면 좋겠다는 생각도 든다. 수치심은 영원히 당신을 떠나지 않을 테고, 당신은 그것을 껴안고 살아갈 수 있다. 어떤 면에서는 수치심이 위험한 감정이라는 걸 알고 있으니 마음을 단단히 먹게 된다. 스스로에게 나르시시즘 경향이 아직 있고 아마 앞으로도 그러리라는 사실을 잘 알고 있다. 수치심은 당신을 계속 겸손하게 만들어준다.

이제는 자기 실수를 책임져야 한다는 사실을 받아들이기가 훨씬 더 쉬워졌다. 누군가가 당신을 비난하면 순간 발끈해서 반격해버릴까 하는 마음이 들지만, 이제는 그럴 만큼 어리석지 않다. 모든 싸움에서 이길 필요는 없다. 여전히 경멸감에 입술을 비죽일 때도 있지만, 그 감정이 정당하다고 믿지는 않는다. 당신이 피하려고 애쓰고 있는 고통이 늘 또렷이 보이지는 않는다. 경멸감이 들 때 수치심의 원인까지 추적해내는 건 쉬운 일이 아니다.

예전만큼 경쟁심이 불타오르지 않는다. 모든 걸 가진 승자들을 부러워하는 패배자가 되는 것이 더 이상 두렵지 않다. 이제는 세상이 완전히 다르게 보인다. 누구에게나 고통이 있다. 남녀노소 누구에게나 가끔은 참기 힘든 욕구가 있다. 거의 모든 사람이 은밀한 수치심을 갖고 있는 것처럼 보일 때도 있다. 이제는 수치심과 자기애적인 행동이 서로 연결돼 있음을 알기에, 주변 사람들의 삶에서 수치심이 얼마나 큰 역할을 하고 있는지 잘 보인다.

모든 것을 감안할 때, 다른 누군가가 되기보다는 당신 자신인 편이 좋다. 물론 바뀌었으면 하는 부분도 있다. '내가 사용하는 방어기제를 더 빨리 알아챌 수 있으면 좋을 텐데.' '매일 똑같은 싸움을 하지 않아도 된다면 얼마나 좋을까.' 그 싸움이 예전보다 훨씬 덜 힘들기는 하지만 말이다.

좌절하고 고통받는 시간도 반드시 찾아오겠지만 당신은 많은 경험을 통해 진정한 즐거움을 얻는다. 주변 사람들과 맺는 관계도 소중히 여기며, 가족, 친구, 연인과 당신을 연결해주는 감정에서 깊은 의미를 찾는다.

대개는, 그저 살아 있다는 것이 기쁘다.

고통은 피할 수 없다

앞서 쓴 많은 내용은 다른 누구도 아닌 내 정신건강에 관한 이야기다. 이렇듯 나는 매일 익숙한 문제와 씨름하고, 어느 면에서는 성장했지만 40여 년 전 우울증 때문에 심리치료를 받기 시작했던 나와 여전히 똑같은 사람이다. 지금은 나 자신을 훨씬 더 잘 알고 많은 면에서 성장해 어린 시절의 상처도 줄었지만, 고통과 수치심이 심해지면 옛날에 사용하던 방어기제가 곧바로 나를 유혹한다. 나는 거기에 너무 많이 의지하지 않으려고 노력한다.

나는 개인 심리치료를 받기 위해 나를 찾아온 다수의 내담자들과 장기간 만나며 그들을 도울 수 있는 특권을 누렸다. 그들 모두 엄청나게 성장했다. 물론 수년 전 고통을 덜어달라며 나를 찾아왔던 때와 달라지지 않은 점도 많다. 그래도 상담이 진행되는 동안 그들은 자기 자신을 깊이 이해하는 동시에, 내 도움 없이도 고통을 감당할 수 있는 정신적·감정적 기술을 터득했다. 인간관계에서 느껴지는 결핍감을 견딜 줄 알고, 다양한 감정을 경험하며, 대체로 자기 자신에게 만족감을 느낀다. 수치심에서 완전히 해방된 사람은 아무도 없다.

나와 내담자들에게 자기 관찰은 생활의 일부다. 우리는 우리 자신에 대한 배움을 끝내지 못했으며, 따라서 아직 성장도 끝나지 않았다. 지금도 새로운 형태의 자기기만을 인지하고, 고통과 마주치면 나 자신도 깜짝 놀랄 반응이 나올 때가 있지만, 예전의 방어기제보다 훨씬 더 효과적인 방법으로 대응할 수 있다. 앞으로도 나는 계속 고통을 느끼면서 좀 더 신뢰할 만한 대처 방법을 터득할 테고, 그러면 행복도 더 커질 것이다. 나는 거기에 만족한다.

부처가 전하는 성스러운 진리 중 첫 번째는 인간의 삶 자체가 고통이라는 것이다. 인간은 다양한 유형의 고통과 실망을 예외 없이 경험한다. 덜 철학적이지만, 〈프린세스 브라이드〉에서 검은 옷의 남자가 버터컵에게 이렇게 말한다. "인생은 고통이랍니다, 공주님. 다르게 말하는 사람이 있다면 뭔가를 팔려고 수작을 부리는 겁니다." 요즘 제약회사들은 약을 먹으면 정신적 고통을 줄일 수 있다고 말한다. 이런 관점이 서구 세계의 정신건강 관련 직업을 지배하고 있고, 그 결과 그런 약을 파는 회사가 수십억 달러를 벌어들이고 있다. 이 책을 쓰면서 나는 다른 시각을 제안하고 싶었다. 검은 옷의 남자가 한 말에 나도 거의 동의한다. 인생이 곧 고통이라고 말할 수는 없지만, 내 경험으로 보자면 우리 인간은 절대 부족하지 않은 고통을 겪는다. 누구나 그렇다.

나는 그 고통을 막기 위해 우리가 사용하는 대개는 해로운 방식에 관해 이야기하고 싶었다. 자기 안에서 작동 중인 방어기제를 인지하고 해체하여 좀 더 효과적인 방법으로 고통을 감당할 수 있도록 돕는 것이 내 목표였다. 이 책을 통해 당신이 자신의 욕구를 인정하고 인간관계에서 그것을 충족하며, 인생에 의미를 더해주는 다양한 감정을 경험하고, 한 사람으로서 자신에게 만족할 수 있는 방법을 찾기를 바란다. 그 여정은 길고도 끝이 없을 것이다. 이 책에 제시된 조언을 따른다고 해서 고통을 지우거나 수치심을 치유할 수는 없겠지만, 최선을 다해 조언을 따른다면 당신 인생은 좀 더 풍요롭고, 좀 더 이해하기 쉽고, 더욱 만족스러워질 것이다.